아직 끝나지 않은 문제

신사참배

아직 끝나지 않은 문제

신사참배

지은이 | 오창희
펴낸이 | 원성삼
표지디자인 | 한영애
펴낸곳 | 예영커뮤니케이션
초판 1쇄 발행 | 2021년 4월 9일
초판 4쇄 발행 | 2023년 4월 28일
등록일 | 1992년 3월 1일 제 2–1349호
주소 | 03128 서울시 종로구 대학로3길 29, 313호(연지동, 한국교회100주년기념관)
전화 | (02)766–8931
팩스 | (02)766–8934

ISBN 979–11–89887–38–4　(93230)

값 14,000원

모든 인간은 하나님의 형상을 닮은 존귀한 존재입니다. 사람은 인종, 민족, 피
부색, 문화, 언어에 관계없이 모두 다 존귀합니다. 예영커뮤니케이션은 이러한
정신에 근거해 모든 인간이 존귀한 삶을 사는 데 필요한 지식과 문화를 예수 그리스도의
사랑으로 보급함으로써 우리가 속한 사회에 기여하고자 합니다.

오창희 지음

지금 왜 신사참배를
다시 이야기하는가?

하나님이 찾으시는
이 시대의 다니엘은
누구인가?

아직 끝나지 않은 문제

신사참배

예영 커뮤니
케이션

아픔의 역사에서 희망의 역사로

　여기 한 지역 교회 목회자의 치열한 역사의식을 통한 작품을 우리는 보고 있다. 저자 스스로 밝혔듯 이 책은 역사 전문가가 쓴 것이 아니다. 한 목회자로서 자신을 하나님 앞에 올바로 세우고 성경의 원리대로 목양하는 양떼들에게 양질의 꼴을 먹이기 위한 문제의식의 열매이다. 한국 교회는 신실한 선교사들의 복음 전파 이후 일본제국주의와 공산주의 그리고 타락한 자본주의의 위협을 거쳐 왔고 또한 테스트 중임을 우리 모두는 알고 있다. 특히 일제의 압박 가운데 놓여 있었던 한국 교회의 서러운 눈물과 분투 그리고 변절에 대한 아픈 기억을 누가 외면할 수 있겠는가?

　그 가운데서 신사참배의 모진 고난의 바람이 불어왔을 때 문자 그대로 한국 교회는 풍전등화의 위기를 맞이하였다. 우리가 아는 바와 같이 주기철 목사와 손양원 목사 같은 걸출한 신앙의 모범사례도 있지만 신앙의 정절을 깨뜨린 한국 교회의 수많은 목회자와 그들을 따르는 교우들도 적지 않았다.

어떻게 하면 한국 교회가 그리스도의 거룩한 신부로서 주님 다시 오실 때까지 거룩한 신앙의 세대 계승을 이룰 수 있을 것인가? 이 본질적인 문제의식을 가지고 써 내려간 책이 우리의 손에 들려진 것은 은혜요 축복이라 확신한다. 곡학아세(曲學阿世)와 곡신아세(曲信阿世)의 시대를 살아가면서 우리의 영혼과 육신을 한줄기 주님 향한 일편단심(一片丹心) 청량한 바람을 쐬는 것 또한 의미가 있으리라 생각한다.

저자는 믿음의 뼈대 있는 가문에서 성장하였으며, 권위 있는 학교에서 박사학위를 받았으며, 목회자가 되기 전 철학과 기독교 세계관을 탁월하게 가르치는 교수였다. 저자는 목회자로서 성도들의 삶의 현장에서 일어나는 수많은 사건을 목격하면서 오로지 다니엘과 같은 믿음의 사람을 세우고자 하는 열정으로 목양에 임하고 있음을 안다. 선지자의 마음으로, 때로는 제사장의 마음으로 써 내려간 본서가 주님과 양떼들 앞에서 깨어 있기를 사모하는 모든 목회자와 성도들에게 다윗의 손에 들렸던 물맷돌처럼 쓰임 받기를 기대하며 일독을 권한다.

역사의 알파와 오메가는 오직 주님께 귀결된다는 사실을 한국 교회 지도자들과 성도들이 다시 한번 깊이 각인하기를 소원해 본다.

이는 만물이 주에게서 나오고 주로 말미암고 주에게로 돌아감이라 그에게 영광이 세세에 있을지어다 아멘(롬 11:36).

오정호 새로남교회 담임목사/미래목회포럼 대표

1938년 9월, 한국 교회가 신사참배를 결의했습니다. 한국 교회가 이 큰 죄에 대해 회개하지 못한 채 82년이 지났습니다. 개인적으로 한경직 목사님께서 템플턴상 수상식에서 신사참배한 죄인이라고 회개했고, 2007년 기성, 기장 두 교단이 신사참배 사과 성명을 냈습니다. 2008년 합동, 통합, 합신, 기장 네 교단이 제주에서 연합해서 신사참배 회개 기도를 드렸습니다. 2018년, 합동 정기총회에서 신사참배의 죄에 대해 다시 회개하는 시간을 가졌습니다. 그러나 지금까지 한국 교회 전체가 하나 되어 신사참배의 죄를 회개하지 못했습니다.

본인은 이 문제를 안타깝게 생각하고 2018년 10월 28일 신사참배 결의 80주년 회개 집회를 광화문에서 열고 설교했습니다. 이때 오창희 목사님의 연구 논문을 얻고 설교에 적극 활용했습니다.

오 목사님은 목회자이며 학자이십니다. 오 목사님은 오랜 연구 끝에 신사참배 문제는 한국 교회가 해결하고 가지 않으면 안 될 영적 문제임을 깨달으셨습니다. 신사참배의 죄가 남북 분단의 쓴 뿌리가 되었고 한국 교회 분열의 씨앗이 되었음을 밝히고 있습니다.

이 책은 상세한 역사적 고찰과 뛰어난 영적 통찰력이 돋보이는 역작입니다. 담임목회에 바쁜 목회자가 이런 귀한 책을 집필한 것은 각고의 노력 없이는 불가능한 일입니다.

신사참배 문제를 아파하며 관심을 가진 한 사람으로 이런 역작이 나오게 된 것을 기뻐하며 한국 교회 목사님들과 성도들, 특히 신학생들에게 일독을 추천하는 바입니다.

대치산 방에서 정성진
거룩한빛광성교회 원로목사/크로스로드선교회 대표

신사참배는 반세기 전에는 한국 기독교의 금기어였고, 1990년대 이후로는 회개의 구호였으나 지금은 잊혀진 과거가 되었다. 그리고 많은 기독교인은 70여 년이 지난 신사참배 사건을 자신과는 무관한 것으로 치부하거나 이것을 다루는 것 자체를 때에 맞지 않는 것으로 생각하고 있다.

저자는 신사참배를 단지 한국 교회의 수치로만 여기고 멀리하는 이러한 현상에 대해 크게 경종을 울리고 있다. 신사참배는 단지 과거사가 아니며, 여전히 끝나지 않은 숙제요, 한국 교회가 통일 시대의 거룩한 부흥으로 나아가기 위해 진지하고 적극적으로 풀어야 할 열쇠로 삼고 있다.

이 책을 읽으면서 성도의 열심은 바른 지식 위에 있어야 한다는 말씀(롬 10:2)을 깊이 상기하게 된다. 우리가 신사참배를 먼 과거의 일로 외면하거나 자신과는 무관한 것으로 여겼던 것에는 역사적 사실을 제대로 보지 못한 탓이 크다. 저자는 신사참배에 대한 일반의 미흡하고 얕은 지식을 "사실과 통찰의 끝"로 깨뜨려 하나님의 섭리의 시각으로

교정하고, 부끄러움을 넘어 통일을 위한 거룩한 열정으로 마주하도록 세밀하게 인도하고 있다.

자칫하면 건조할 수 있는 역사적 사실을 생생한 현장감으로 채색하여 긴장을 주고, 페이지마다 스며 있는 저자의 격정은 읽는 이의 마음을 마지막 장까지 흡입하는 힘으로 작동하고 있다. 한국 교회의 미래를 위해 진정으로 기도하고 주님의 몸 된 교회의 영광을 바라보는 모든 이에게 일독을 권한다.

오정현 **사랑의교회 담임목사**

교회 역사를 공부하는 방법은 크게 둘로 나눌 수 있습니다. 하나는 새로운 사료를 발굴해서 기존 자료와 비교하며 역사적 사건의 얼개를 밝히는 것입니다. 다른 하나는 기존 자료들을 비교 연구해서 역사적 사건의 의미를 새롭게 조명하는 것입니다. 오창희 목사님의 『아직 끝나지 않은 문제, 신사참배』는 후자에 해당합니다.

그렇다면 저자가 신사참배를 어떤 의미에서 새롭게 조명하고 있는지 궁금해집니다. 저자는 한국 교회가 신사참배의 죄를 제대로 회개하지 않은 것이 문제라고 봅니다. 신사참배의 죄를 회개하지 않는 이유는 신사참배를 죄로 인식하지 않고 있거나 그 죄를 자신과 무관하다고 여기는 것입니다.

저자는 많은 지면을 사용해 신사참배가 얼마나 큰 죄인지 보여 줍니다. 신사참배가 종교가 아니라 국민의례일 뿐이라는 일본 정부의 주장을 고스란히 좇아가며 신사참배를 주도한 이들의 잘못이 어떤 것인지 드러냅니다. 이를 위해 저자는 신도 관계 자료를 꼼꼼하게 살펴 신사참배가 우상숭배의 죄임을 드러냅니다.

신사참배의 죄가 자신과 무관하다고 여기는 오늘날 한국 교회 성도들을 향해 저자는 다니엘의 예를 들며 회개를 촉구합니다. 선조의 죄, 즉 민족의 죄를 자신의 죄로 여기고 회개한 다니엘이 우리의 본보기임을 강조합니다.

저자가 신사참배 죄를 회개해야 한다고 주장함은 오늘날 우리 민족의 가장 근본 문제인 남북 분단의 원인이 신사참배 죄라고 보기 때문입니다. 남북 분단의 원인은 여럿일 수 있습니다. 하지만 하나님이 나라나 지역의 죄를 심판하실 때 하나님의 눈이 비신자들이 아니라 신자들, 바로 당신의 자녀들에게 가 있다는 저자의 주장에 저는 동의합니다.

신사참배 죄를 회개하자는 저자의 외침은, 이미 많이 늦었지만 이제라도, 우리 한국 교회가 역사를 주관하시는 하나님 아버지 앞에 우리 죄를 온전히 회개하도록 촉구하는 '외치는 자의 소리'입니다. 분단 조국의 한편에서 주님의 교회를 섬기며 통일 조국을 위해 기도하며 영적 준비의 일환으로 신사참배의 죄를 회개하자고 외치는 오창희 목사님의 역저를 일독하기를 기꺼이 추천합니다.

임원택 백석대학교 역사신학 교수

우리 한국 교회 역사에는 은혜가 차고 넘쳤다. 불과 140년도 안되는 사이에 이렇게 큰 성장을 이루었을 뿐 아니라, 선교를 받아야 하는 위치에서 이제는 세계 선교의 한 축을 담당하는 국가가 되었다. 뿐만 아니라 사회적으로도 한국 교회가 우리 민족의 근대화나 독립운동에 크게 기여하였고, 현재에도 사회 여러 영역에서 긍정적 영향을 미치고 있다.

그러나 한국 교회 역사에 좋은 일만 있었던 것은 아니다. 이단의 발흥이나 교파 분열과 같은 여러 가지 좋지 않은 일도 많이 있었다. 그러나 한국 교회의 과오는 역시 신사참배를 빼놓고는 말할 수가 없다. 신사참배는 한국 기독교 역사에서 가장 뼈아픈 상처다.

그런데도 한국의 기독교인들 가운데는 이 문제를 별로 대수롭지 않은 일로 생각하거나, 혹은 이미 지나간 과거의 역사, 또는 이미 다 해결된 문제 정도로 생각하는 사람이 많은 것 같다. 이런 분들에게는 신사참배 문제를 다시 다루는 이런 일들이 '굳이 다 지난 일을 이제 와서 왜 다시?'라는 느낌으로 다가올 것이다.

실제로 필자 역시 비교적 최근까지도 이 문제에 대해 그렇게 큰 문

제의식을 느끼지 못했다. 신학교에서 신사참배에 대해 배울 때도, '과거 한국 교회가 일제 총칼의 압력에 굴복하여 잘못된 결정을 했고, 신사에 가서 절을 했구나.'라는 정도로만 생각했다. 그러다가 우연히 한국 교회 목회자들이 한강에 들어가 일본 신도의 중들이 받는 미소기하라이(みそぎはらい)라는 침례 의식을 받았다는 사실을 알게 되었다. 세례, 혹은 침례란 무슨 의미인가? 우리 기독교에서 세례는 곧 예수님과 한 몸이 된다는 중요한 의미가 있는 것이다. 그리고 신도에서도 미소기하라이라는 침례 의식은 신사참배를 위해 몸을 정화하는 의미를 담고 있는 중요한 종교적 의식이다. 그런데도 하나님을 믿는 목회자들이 바로 신도 지도자의 지도에 따라 단체로 이 침례 의식을 행했다는 것이다. 이 사실을 안 순간부터 신사참배가 그저 국민의례 시간에 신사에 절하는 정도의 의미가 아니라는 것을 알게 되었다.

그 이후 신사참배에 대해 더 공부하면서, 신사참배와 관련하여 이 외에도 수많은 배도적 행위가 있었다는 사실을 알게 되었다. 그것은 사사기 시대 이스라엘 민족의 죄에 필적할 만한 배도였다. 이 사실을 접한 순간 필자가 받은 충격은 이루 말로 할 수 없었다. 이 사실을 안 뒤, 얼마나 이 문제에 대해 진지한 회개가 이루어졌는지를 찾아보니, 한국 교회에서 제대로 된 회개는커녕 신사참배에 대한 올바른 교육도 이루어지지 않고 있음을 알게 되었다.

그래서 이런 내용을 몇몇 목회자와 함께 나누고자 했을 때, 어떤 분들은 정말 문제의 심각성을 이해하고 적극적인 회개가 있어야 한다고 동의하는 반면, 더 많은 분들은 "이미 지난 일을 이제 와서 왜 다시 꺼내느냐?"라는 식의 반응이 많았다. 이것을 보면서 문득 이런 의문이 들었다.

'우리는 모두 하나님도 섬기고 이방신도 섬겼던 저 사사기 시대 이스라엘 백성들의 죄가 얼마나 큰 것인지는 잘 안다. 그러나 그것이 막상 우리의 문제가 되었을 때는 왜 그렇게 느끼지 못하는 것일까?'

그러면서 나름대로 몇 가지 이유를 생각하게 되었다.

첫째는 아직도 신사참배가 얼마나 큰 배도 행위였는가를 잘 모르는 분이 많다는 것이다. 일반 성도들은 말할 것도 없고, 심지어 목회자들 가운데도 신사참배와 관련하여 얼마나 큰 죄들을 범했는지를 잘 모르는 분이 많다. 이것은 신학교에서 신사참배에 대해 대략적으로만 가르칠 뿐 구체적으로 가르치지 않는 데서 기인한다. 목회자들이 문제의식이 없으니 성도들에게 이것을 가르쳐 줄 수 없는 것이다(얼마나 많은 배도 행위가 있었는지를 알려면 4장부터 읽어 보는 것도 좋을 것이다).

한번 생각해 보자. 이런 상태에서 다시 똑같은 상황이 벌어진다면, 이런 과오가 반복되지 않으리라고 누가 장담할 수 있을까? 역사 속에서 분명한 교훈을 얻지 못하면 그 역사는 반복될 수밖에 없다.

둘째는 회개에 대한 이해가 잘못되어 있다는 것이다. 신사참배 죄를 회개하자고 하면 몇몇 목회자는 우리가 짓지 않은 죄를 우리가 왜 회개해야 하느냐는 반응도 있었고, 또한 죄를 몇 번이나 회개해야 하느냐는 반론도 있었다. 그러나 성경을 보면, 다니엘은 하나님으로부터 의인으로 인정받은 사람이었지만 오히려 나라와 민족의 죄를 자신의 죄로 알고 회개하고 있다. 또한 느헤미야는 포로기의 후세대였지만, 몇 대 전에 이루어진 나라와 민족의 죄에 대해서 또 회개하고 있는 것을 볼 수 있다. 이것은 죄를 지은 당사자가 아니더라도 민족의 죄를 나의 죄로 알고 회개하는 것이 바로 선지자들과 목회자들이 해야 할 일임을 보여 준다. 오히려 다니엘처럼 순결한 사람일수록 더욱 더 민족의 죄를 자신의 죄로 알고 회개하고 기도해야 한다.

셋째는 이 문제가 아직도 완전히 끝나지 않았음을 인식하지 못하고 있다는 것이다. 한국 교회는 이 문제에 진정으로 회개한 적이 없다. 몇 번 회개의 시간이 있었지만, 과거 신사참배와 또 이어진 수많은 배도에 대해 진정으로 마음을 찢는 회개가 이루어지지 않았다. 뿐만 아니라 설령 회개가 이루어졌다 하더라도 이는 몇몇 목회자만의 회개일 뿐 모든 목회자와 모든 한국 교회 성도들의 회개는 아직까지 이루어지지 않았다. 8년 이상 전 한국 교회에 의해 행해진 그 수많은 죄악이 몇몇 대표적 목회자의 회개로 다 덮어질 것으로 생각되지는 않는다.

게다가 필자는 남북 분단이 신사참배의 죄로 말미암은 것이라고 믿는다. 만일 이 해석이 맞는다면, 통일이 되기 전까지 이 문제는 아직 끝난 것이 아니다. 하나님은 여전히 우리의 회개를 기다리고 계신다고 믿는다. 이런 의미에서 이 신사참배 문제는 아직도 끝난 문제가 아니다.

이 책은 바로 이런 문제의식에서 기획되었다. 이 책은 신사참배에 대해 역사적인 사실들을 연구하는 전문적인 역사책은 아니다. 필자는 전문적인 역사가가 아니기 때문에 일차적 문헌들을 발굴하고 연구할 능력이 없음을 고백한다. 다만 역사의 구체적인 연구는 역사가들에 맡기고, 신사참배라는 주제에 대해 기존에 나온 단편적인 구슬들을 꿰어 하나의 큰 목걸이를 만들어 입체적으로 살펴보려는 것이다. 그리고 그 역사적 연구의 바탕 위에서 우리 한국 교회가 저지른 신사참배의 죄가 얼마나 큰 것인지, 그리고 그 죄의 여파가 어떤 것인지를 한국 교회에 알리고, 지금 우리가 이런 문제들을 해결하기 위해서 어떤 일들을 해야 하는지를 한국 교회에 호소하고 싶다. 통일이 가까워오는 이때야말로, 오히려 다니엘처럼 나라와 민족의 죄를 놓고 회개하고 기도해야 할 때라는 것이다.

아무쪼록 하나님께서 다니엘에게 주셨던 시대와 상황에 대한 깨달음을 우리에게도 주시고, 또 나라와 민족을 위해 회개하고 기도했던 그 간절한 마음을 우리 한국 교회에도 주시길 바란다. 그리고 이 책이 그러한 회개 운동의 조그만 불쏘시개가 되기를 희망한다.

1장

다니엘에게
배운다

메대 족속 아하수에로의 아들 다리오가 갈대아 나라 왕으로 세움을 받던 첫
해 곧 그 통치 원년에 나 다니엘이 책을 통해 여호와께서 말씀으로 선지자
예레미야에게 알려 주신 그 연수를 깨달았나니 곧 예루살렘의 황폐함이 칠
십 년 만에 그치리라 하신 것이니라 내가 금식하며 베옷을 입고 재를 덮어
쓰고 주 하나님께 기도하며 간구하기를 결심하고 내 하나님 여호와께 기도
하며 자복하여 이르기를 …(단 9:1-4).

우리 민족의 현재 상황에서 배워야 할 인물은 단연 다니엘이다. 다
니엘은 유대의 왕족으로서 B.C. 605년에 바벨론의 느부갓네살왕에 의
해 1차 포로로 잡혀 간 인물이다. 그는 하나님의 은혜로 바벨론의 느부
갓네살왕 시대부터 바벨론을 멸망시킨 메대 나라 다리오왕 시대에 이
르기까지 국가의 고위 관리 혹은 총리로 활동하면서 동시에 하나님의
말씀을 예언한 선지자이다. 그런데 다니엘서 9장에 따르면, 메대 족속
다리오왕 원년에 그는 중요한 사실 하나를 깨닫게 된다. 그것은 바로
예레미야 선지자가 예언한 예루살렘의 황폐함이 70년 만에 그치게 될

것이라는 사실이었다. 예레미야는 예레미야서 25장 11절에서 "이 모든 땅이 폐허가 되어 놀랄 일이 될 것이며 이 민족들은 칠십 년 동안 바벨론의 왕을 섬기리라."고 예언한 바 있었다. 그는 그 책을 통해 예레미야가 예언했던 예루살렘이 황폐하게 되는 기간, 70년이 다 되어 간다는 사실을 깨달았던 것이다.

여기서 우리는 다니엘이 동시에 두 가지에 익숙해 있었다는 사실을 알 수 있다.

첫째는 성경 말씀에 대한 정확한 이해가 있었다. 다니엘은 꿈이나 환상을 통해서 많은 하나님의 계시를 접할 수 있었지만, 이 부분에 대해서는 환상이 아니라 서책을 통해서 알게 되었다. 다니엘은 어떤 경로를 통해서인지는 알 수 없지만, 예레미야가 예언했던 그 서책을 접할 수 있었던 것 같다. 그는 그 책을 열심히 읽었고, 그것을 통해 예레미야가 예언했던 포로기의 기간이 70년이라는 것을 알게 되었다.

둘째는 자신이 살고 있는 시대와 상황을 성경적 관점에서 바라볼 수 있는 능력이 있었다. 그는 이스라엘 민족이 바벨론 포로 생활을 하게 된 이유가 바로 민족의 죄 때문이라는 것을 잘 알고 있었다. 뿐만 아니라 비록 바벨론의 포로 생활을 하고 있지만, 언젠가는 다시금 고국으로 돌아갈 것이며, 이제 그때가 가까이 왔다는 것을 깨달은 것이다.

이것을 통해 선지자에게는 두 가지 능력이 있어야 한다는 것을 잘 알 수 있다. 첫째는 하나님의 말씀을 잘 알고 있어야 한다. 그러기 위해서는 늘 성경 말씀을 읽고 연구해야 한다. 둘째는 그 말씀이 어떻게 현재 상황에 적용되는지를 잘 알아야 한다. 아무리 성경을 많이 연구하고 그 내용을 달달 외우고 있다 하더라도 그 말씀이 지금의 상황에 어떻게 적용되는지를 모른다면 이는 진정한 선지자, 혹은 오늘날 식으로 말하면 진정한 목회자가 될 수 없다.

오늘날 단순한 문자적 성경 연구가가 아니라 설교자라면, 과거에 주어진 어떤 메시지가 오늘날 우리 상황에는 어떻게 말씀하고 계시는지를 잘 알아야 한다. 설교는 현재와 그때('now'와 'then')를 연결하는 것이라는 사실은 설교학의 상식에 속하는 것이다. 그렇다면, 모든 주의 종은 말씀에 대한 정확한 이해와 더불어, 이 시대를 하나님의 시각으로 보는 영적 통찰력이 있어야 한다. 특별히 바벨론 포로기 때에 다니엘이 나라와 민족을 위해 기도했던 그 사실이 오늘날 우리에게는 어떤 의미가 있는지도 잘 알아야 한다.

그러면 다니엘은 무슨 기도 내용을 올려 드렸으며, 그것이 오늘날 우리에게 주는 교훈은 무엇인가?

1. 다니엘의 기도 내용

다니엘이 예레미야가 예언한 70년의 시기가 다 되어간다는 사실을 깨달았을 때, 제일 먼저 한 일은 금식하며 회개 기도를 한 일이다.

> 내가 금식하며 베옷을 입고 재를 덮어쓰고 주 하나님께 기도하며 간구하기를 결심하고 내 하나님 여호와께 기도하며 자복하여 이르기를(단 9:3-4 상)

그는 먼저 금식했다. 그러고는 베옷을 입고 재를 덮어썼다. 이것은 통상 하나님 앞에서 겸손히 회개하는 자들이 취하는 모습이다(에 4:1; 욘 3:5-6). 그러면 그가 이렇게까지 겸비한 자세로 자복하고자 했던 죄는 무엇이었던가?

첫 번째는 바벨론 포로의 원인이 된 민족의 죄를 회개하였다. 4절부터 12절까지 선민 이스라엘 민족이 포로 생활의 수치를 당하고 있는데, 다니엘은 그 원인이 하나님께 불순종하고 하나님의 율법을 어긴 것에 있음을 고백하고 있다.

> 우리는 이미 범죄하여 패역하며 행악하며 반역하여 주의 법도와 규례를 떠났사오며 우리가 또 주의 종 선지자들이 주의 이름으로 우리의 왕들과 우리의 고관과 조상들과 온 국민에게 말씀하신 것을 듣지 아니하였나이다 주여 공의는 주께로 돌아가고 수치는 우리 얼굴로 돌아옴이 오늘과 같아서 유다 사람들과 예루살렘 거민들과 이스라엘이 가까운 곳에 있는 자들이나 먼 곳에 있는 자들이 다 주께서 쫓아내신 각국에서 수치를 당하였사오니 이는 그들이 주께 죄를 범하였음이니라(단 9:5-7).

여기서 중요한 것은, 다니엘은 바벨론 포로 생활의 원인을 정치적인 요인이나 군사적인 요인이 아닌, 영적인 원인에서 찾고 있다는 것이다. 이것은 현재 우리나라 상황을 해석할 수 있는 중요한 단서이기도 하다.

하나님은 역사를 주관하는 분이시다. 그러므로 어떤 한 나라, 특별히 하나님께서 선택하신 나라의 흥망성쇠는 정치적인 원인이나 경제적인 원인 혹은 군사적인 원인보다는 영적인 원인이 더 중요한 요소이다. 하나님을 잘 경외하고 그의 말씀에 순종할 때, 하나님은 그 나라와 민족을 복 주시며 함께해 주신다. 그러나 하나님을 버리고 그 말씀에 불순종할 때는 하나님은 그 민족에게 벌을 내리고 채찍을 가하신다.

바로 이런 사실에 대해서 하나님께서는 이스라엘 백성들이 가나안 땅에 들어가기 전에 분명하게 말씀하셨다. 모세는 이스라엘 자손들을 각각 그리심산과 에발산에 서도록 하여 하나님의 말씀을 순종하면 모든 민족 위에 뛰어나게 하실 여러 가지 축복을 주실 것이나, 하나님을 버리고 불순종하면 온갖 종류의 저주가 그들에게 임할 것임을 선포하였다(신 27:1-28:68). 그런데 중요한 대목은 불순종하는 이스라엘에게 내리실 여러 가지 저주 가운데 하나가 바로 다른 나라에 끌려가게 하실 것이라는 경고이다.

> 여호와께서 너와 네가 세울 네 임금을 너와 네 조상들이 알지 못하던 나라로 끌어가시리니 네가 거기서 목석으로 만든 다른 신들을 섬길 것이며 여호와께서 너를 끌어가시는 모든 민족 중에서 네가 놀람과 속담과 비방거리가 될 것이라(신 28:36-37).

다니엘은 바로 이런 성경 말씀을 염두에 두고 기도하고 있음이 틀림없다. 그는 지금 이스라엘 민족이 바벨론에 포로로 잡혀가게 된 가장 중요한 이유가 하나님을 버리고 그 말씀에 불순종했음에 있다고 본 것이다. 그러므로 그 죄에 대해 고백하고 자복하고 있는 것이다.

두 번째는 하나님의 징계인 바벨론 포로 생활 중에도 회복의 은총을 간구하지 않는 사실에 대해서도 회개하고 있다. 다니엘은 9장 13-15절에서 모세의 율법에 기록된 대로 이 모든 재앙이 이미 내렸지만, 이스라엘 백성들은 그런 채찍에 맞고 있음에도 불구하고 죄악을 떠나거나 주의 진리를 깨달아 하나님 여호와의 얼굴을 기쁘게 하지 않았음을 지적한다.

> 모세의 율법에 기록된 대로 이 모든 재앙이 이미 우리에게 내렸사오나 우리는 우리의 죄악을 떠나고 주의 진리를 깨달아 우리 하나님 여호와의 얼굴을 기쁘게 하지 아니하였나이다(단 9:13).

다니엘은 이스라엘 민족이 이런 점에서도 범죄하였고 악을 행하였음을 고백하고 회개하고 있는 것이다. 이 사실도 중요한 부분이다. 어떤 죄를 짓는 것도 잘못이지만, 죄에 대한 채찍을 맞고 있음에도 불구하고 여전히 그 죄악을 깨닫지 못한다면 이것은 더 큰 죄악이다. 하나님이 징계하시는 이유는 우리로 하여금 죄악을 깨닫고 그 길에서 돌이키게 하기 위함이다. 그런데 징계를 받고 있으면서도 그 징계의 목적을 알지 못하고 그 죄를 회개치 않고 있다면 이것은 더 큰 잘못이라고 아니할 수 없다.

우리는 어떨까? 만일 남북 분단이 신사참배에 대한 징계라면, 이런 징계를 당하고 있으면서도 이것이 죄 때문이라는 것을 알지 못하고 회개하지 않고 있다면, 우리 역시 저 이스라엘 민족과 다를 바 없지 않겠는가? 이런 점에서도 우리는 다니엘을 배워야 한다.

다니엘은 이 두 가지 죄를 모두 회개하면서, 마지막으로 주의 긍휼에 의지하여 이 민족을 용서하고 회복시켜 달라고 기도하고 있다. 우리는 이 회개의 기도도 다니엘로부터 배워야 한다.

주여 들으소서 주여 용서하소서 주여 귀를 기울이시고 행하소서 지체하지 마옵소서 나의 하나님이여 주 자신을 위하여 하시옵소서 이는 주의 성과 주의 백성이 주의 이름으로 일컫는 바 됨이니이다(단 9:19).

그런데 다니엘이 왜 자기 민족의 죄에 대해 자복하고 회개해야 하는가? 그는 어떻게 보면 이런 민족의 죄에 대해 직접적인 책임은 없다. 다니엘이 몇 살 때에 바벨론에 포로로 잡혀갔는지는 알 수 없지만, 그는 바벨론 왕궁에 있던 소년 시기에 벌써 뜻을 정하여 우상의 제물을 먹는 것을 거부하였다(단 1:8).[1] 이것을 보면 그는 어린 시절부터 하나님을 잘 경외했음이 틀림없다.

게다가 그는 오랜 시간 선지자로 활동했으며, 특별히 에스겔서 14장 14절에는 노아와 욥과 동등한 의인으로 표현되어 있다. 이런 사실들로 미루어 볼 때, 다니엘은 자기 민족을 멸망하게 했던 그 우상숭배의 죄나 율법을 어긴 죄와는 거리가 먼 사람이다. 그럼에도 불구하고 다니엘은 그 민족의 죄를 자복하고 있는 것이다. 다시 말해 자기 스스로는 그 죄와 무관할지라도 민족의 죄를 자기의 죄로 알고 회개하고 있는 것이다.

이것이 바로 선지자의 역할이다. 선지자는 민족의 죄를 자기의 죄로 인식하면서 그 민족의 죄를 애통해 하면서 회개하는 자이다. 이것은 다니엘과 같은 선지자만 그런 것이 아니라 오늘날 주님의 말씀을 전하는 모든 주의 종에게도 동일하게 요구되는 자질이다. 비록 우리가 지은 죄가 아니더라도 한국 교회가 지은 죄, 우리 민족이 지은 죄는 곧 우리가

---

1 유대인은 보통 13세(여자는 12세)에 성년식을 한다. 또 침략국이 세뇌 교육을 시켜 속국의 지배 계층으로 만들기 위해 보통 14세에서 17세 사이의 소년을 뽑는다는 점에서 다니엘은 당시 15세 전후의 소년이었을 것으로 추정된다.

지은 죄이다. 바로 이런 자세로 나라와 민족 그리고 한국 교회의 죄를 놓고 진정 회개하고 자복하는 것이 바로 선지자와 주의 종들이 해야 할 일이다.

그러므로 오늘날 한국 교회의 주의 종들도 나라와 민족의 죄가 있을 때 그것을 놓고 애통해야 한다. 만일 지금 다른 교회가 잘못해서 세상의 지탄을 받고 있다 하더라도, 우리 모두가 함께 부끄러워하고 하나님 앞에서 함께 회개해야 한다. 과거 우리 한국 교회가 신사참배의 죄를 지었다면, 비록 내가 그 시대에 살지 않았다 하더라도, 그리고 내가 직접 그 죄에 참여하지 않았더라도, 그것을 부끄러워하면서 그 죄를 나의 죄로 알고 함께 회개해야 한다. 이것이 바로 다니엘이 우리에게 보여 주는 모범이다.

2. 다니엘이 기도했던 시기

우리가 여기서 주목해야 할 점은, 다니엘이 기도한 내용뿐 아니라 다니엘이 언제 이 기도를 시작했는가 하는 점이다. 다니엘서 9장 1-2절에 따르면, "메대 족속 아하수에로의 아들 다리오가 갈대아 나라 왕으로 세움을 받던 첫해 곧 그 통치 원년"에 다니엘은 이 기도를 드린 것으로 되어 있다. 이때가 언제인가? 이때는 바벨론 포로기 70년이 다 끝나가는 때였다. 학자들은 이때가 바사 왕 고레스가 즉위하여 포로들에게 고향으로 돌아가라고 조서를 내리기 1년 전쯤일 것으로 해석한다. 여기서 다리오왕과 고레스왕의 관계 그리고 메대라는 나라와 바사라는 나라의 관계가 궁금해질 수밖에 없다.

다니엘이 여기서 바벨론의 왕으로 세움을 받았다고 설명하고 있는 메대 나라의 다리오는 누구일까? 그리고 뒤에 이어지는 바사 나라의 고레스왕과는 어떤 관계에 있는가? 여러 가지 주석과 책을 찾아볼 때, 이 다리오왕의 정체에 대해서는 크게 두 가지 해석이 있는 것 같다.

첫 번째는 이 다리오가 바벨론을 멸망시키고 그 지역의 총독이 된 바사 나라의 구바루(Gubaru) 장군이라는 해석이다. 당시 바벨론의 왕은 나보니두스였고, 그의 아들이 벨사살이었다. 그런데 나보니두스는 아들 벨사살에게 나라의 운영을 맡기고 자신은 10여 년간 다른 지역에 스스로 유배(혹은 원정이라는 설도 있음)를 가 있던 상태였다. 벨사살이 환상을 해석한 다니엘을 '세 번째 통치자'로 삼았던 이유도 바로 이 때문이었던 것으로 해석된다.

당시 바벨론의 왕가는 왕의 어머니가 월신(月神)인 신(Sin)의 여사제 출신이었기 때문에 그동안 국가의 주신으로 섬겼던 말둑(Marduk)보다는 신(Sin)을 더 중요하게 섬겼고, 그러자 국가 내부적으로 불만이 팽배해 있던 상태였다. 이런 상황에서 바사 나라가 쳐들어오자 왕실에 대해 불만을 가지고 있던 바벨론은 별 저항 없이 항복하게 되었다. 이 때 이 바벨론을 점령한 사람이 바사, 즉 페르시아의 사령관이었던 구바루인데, 점령 이후 그가 이 지역의 총독이 되어 바벨론을 다스렸다. 그러므로 다니엘서에 나오는 다리오왕은 바로 이 구바루 장군일 것이라는 해석이다.[2]

---

2   김의원, 『구약역사』, (서울: 개혁주의신행협회, 1995), 495. 레온 우드, 『이스라엘의 역사』, 김의원 역, (서울: 기독교문서선교회, 2012), 510.

28 | 아직 끝나지 않은 문제 신사참배 |

두 번째는 이 다리오는 메대 나라의 마지막 왕 키악사레스 2세라고 보는 해석이다. 이 해석은 고레스가 통일 왕국의 왕이 되기 전에 과도기로서 메대-바사 과도 제국이 2년 정도 존재했고, 다리오는 그때의 왕이었다는 것이다. 이 해석은 좀 더 긴 메대와 바사 나라의 관계를 알아야 이해가 가능해진다.

원래 메대와 바사는 다 같이 카스피해 동부와 남부에서 유목 생활을 하다가 지금의 이란 남서부 지역으로 이주 정착한 인도 아리안족에 속한 종족들이다.

초기에는 메대가 먼저 왕국을 형성하였고, 바사는 이 메대 나라의 영향 하에 있는 작은 부족국가였다. 그러다가 제4대 메대 아스티아게스왕(다니엘서 9장 1절에 나오는 아하수에로왕)의 딸이 바사의 왕 캄비세스 1세와 결혼하게 되는데, 그 사이에서 고레스 2세, 즉 성경에 나오는 고레스왕이 탄생하게 된다.

고레스가 국력을 점점 기른 뒤, 결국 그의 외조부인 메대 왕 아스티아게스와 전쟁을 하게 되는데, 이때 메대 나라의 내부에서 반란이 일어나 아스티아게스는 사로잡히게 되고 메대는 결국 바사의 고레스에게 점령을 당한다. 그러나 이때도 고레스는 두 나라를 병합하지 않고 연합국으로 존속시켰다. 그리고 고레스의 추대로 아스티아게스의 아들이자 그의 외삼촌인 키악사레스 2세(다니엘서 9장의 다리오왕)가 메대의 상징적인 왕이 되고 그 외동딸과 바사의 고레스왕이 다시 결혼하게 되면서 두 나라 사이에 2차 연합이 이루어진다.

이 연합국이 바벨론을 정복하였고, 메대-바사 과도 제국을 탄생시켰다. 이때 고레스는 자기의 외삼촌이자 장인을 메대-바사 제국의 왕으로 추대하고, 자신은 정복 전쟁을 계속 수행하였다. 이 과도 제국은 약 2년 남짓 만에 고레스의 정복 전쟁이 마무리된 후에 키악사레스 2세의 사위 자격으로 고레스가 제국 전체의 통치권을 이양받음으로 본격적인 바사 나라의 시대가 전개되었다. 바로 이 과도 제국의 키악사레스 2세가 바로 다니엘서에 나오는 다리오왕이라는 것이다.[3]

이 해석이 좀 더 보편적으로 수용되는 해석인데, 아무튼 다니엘은 이 다리오왕 밑에서 총리 역할을 했으며, 그 말년에 이스라엘 민족의 포로기 70년의 시간이 다 끝나간다는 사실을 알게 되었고, 나라와 민족을 위한 기도를 시작한 것이다.

이 사실이 우리와 무슨 상관이 있을까? 필자는 기본적으로 지금의 남북 분단을 신사참배 죄에 대한 하나님의 징계로 이해한다. (이 이유에 대해서는 4장에서 다루기로 하자.) 그와 더불어 이 남북 분단이 언제까지나 계속될 것으로 생각하지 않는다. 분명 언젠가는 하나님께서 저 이스라엘 백성들을 바벨론 포로에서 회복시켜 주신 것처럼, 우리 민족도 저 북한 땅을 다시금 회복시켜 주실 때가 올 것이다. 그리고 그때가 정확히 언제인지는 몰라도 점점 가까이 오고 있다는 것은 분명한 사실이다. 만일 그렇다면 지금이야말로 바로 다니엘이 기도한 것처럼, 지금의 분단을 낳게 한 저 신사참배 죄를 회개하고 북한의 회복을 위해 기도해야 할 때가 아니겠는가? 바로 지금이야말로 이 시대의 다니엘이 필요한 시대이다. 우리가 바로 나라와 민족을 위해 기도하는 다니엘이 되어야 한다.

---

3 『그랜드 종합 주석』, (서울: 제자원, 2004), vol, 12, 771-772. 앤손 레이니 & 스티븐 나틀리, 『성경 역사, 지리학, 고고학 아틀라스』, 강성열 역, (서울: 이레서원, 2010), 356-359 참조. 이외에도 도널드 와이즈먼(D. J. Wiseman)처럼 다리오왕을 고레스 자신으로 보는 해석도 있다.

그러기 위해서는 무엇을 회개해야 하는지, 과거 우리 한국 교회가 어떤 죄를 지었는지를 정확히 이해해야 한다.

2장

신사참배는
어떻게
생겨났는가?

신사참배 문제를 이해하기 위해서는 먼저 이 신사참배를 낳게 한 종교적 배경을 이해할 필요가 있다. 신사참배란 일본의 민간 종교인 신도(神道: Shintoism)의 신들을 봉안한 신사에 기독교 신앙인들을 포함한 한국인들로 하여금 강제로 참배하게 한 일을 말한다. 이 신사참배는 어느 날 갑자기 나온 것이 아니라 당시 일본의 지배 이데올로기였던 국가 신도라는 것에서 나왔고, 이 국가 신도는 또한 일본의 전통 종교인 신도 신앙에 기반을 둔 것이다. 그러므로 신사참배를 이해하기 위해서, 먼저 그것의 뿌리가 되는 일본의 신도라는 종교와 이것이 어떤 과정을 통해 국가적 종교로 변화해 왔는지에 대해 살펴보기로 하자.

1. 신도의 신앙

　일본의 전통 종교인 신도는 기독교나 불교와는 달리, 경전이나 창시자가 없는 일본의 순수 민족종교라 할 수 있다. 여기에는 신화와 자연 신앙 그리고 애니미즘(animism, 모든 자연현상에는 생명과 의식이 있다고 믿는 사상)과 샤머니즘, 조상숭배 등 다양한 요소들이 혼합되어 있다. '신도'라는 말은 8세기 초에 편찬된 『일본서기(日本書紀)』에 천황들과 연관되어 나오는데, 당시에 유입된 불교와 구별하기 위해 사용되었다고 한다.

신도는 원래 "신(神: 가미[かみ])의 길"이란 뜻인데, 초기의 일본인은 자연 전체가 신의 힘으로 가득 차 있다고 믿었다. 즉 우주 만물 가운데서도 위력을 발휘하거나 경외의 대상이 되는 것은 그 무엇이든 신이 될 수 있었다. 이에 따라 산, 강, 바람, 바다, 비, 짐승, 벌레, 수목, 금속, 돌 등 자연현상이나 자연물 가운데서 인간에 영향력이 큰 것들을 신격화하여 신으로 숭배하였다. 뿐만 아니라 인간도 죽으면 신이 된다는 사상에 따라, 사회에 공헌한 영웅이나 귀족들도 신으로 숭배되었고, 또한 국가에 반역을 일으킨 인물의 원령(怨靈: 원한을 품은 혼령)들도 인간의 생사화복에 영향을 준다고 생각하여 이들로 인한 재앙을 면하기 위해 신으로 숭배되었다. 또 각 씨족이나 가족의 첫 번째 조상 또한 신으로 추앙되었다. 이처럼 신이 다양하다 보니, 신도에서는 신이 팔백 만이라고 할 정도로 무수히 많은 신이 존재하게 된다.

신도에도 그리스 신화나 다른 민족의 종교들과 마찬가지로 신화들이 존재한다. 주로 창조와 건국에 대한 내용으로, 대략 이런 내용이다.

태초에 이 세계는 천지가 분리되지 않고 음양이 나누어지지 않은 혼돈의 상태였는데, 그러던 중 하늘과 바다로 분리되었고, 그 중간에서 여러 신이 나타났다. 최초에 다섯 신이 나타났고, 이후 7대에 걸쳐 여

러 신이 나타났다. 그런데 처음에 나타난 신들은 별 활동없이 사라졌지만, 7세대 신으로 나타난 두 신의 시대에 이르러 중요한 변화가 일어난다. 이 둘은 부부 사이로서 일본의 여러 섬과 그곳에 살게 될 백성을 만들게 되는데, 이들이 곧 남성의 신인 이자나기(イザナギ)와 여성의 신인 이자나미(イザナミ)이다.

이자나기와 이자나미는 하늘에 떠 있는 무지개다리(天浮橋) 위에 서서 긴 창으로 바람을 빙빙 저어 돌리다가 창을 꺼냈더니, 창끝에서 떨어지는 물이 마르고 굳어서 하나의 섬이 되었다. 그들은 그 섬에 내려와 창조 활동을 계속했는데, 그 섬을 가운데 두고 남성신인 이자나기와 여성신인 이자나미는 서로 결혼 서약을 하고 부부가 되었다.

이자나기와 이자나미

이어서 이자나미는 잉태하여 그녀의 몸에서 바람, 바다, 강과 산뿐 아니라 또한 여덟 개의 커다란 섬을 낳았는데, 이것이 바로 일본섬이다. 그들은 또한 35명의 신을 낳았으나, 이자나미는 불의 신인 가구쯔지를 낳다가 불에 데어 죽었다. 그러자 이자나기는 열 척이 되는 검을 사용하여 가구쯔지를 세 토막으로 잘랐는데, 이 각각에서 또 다른 신들이 태어났다.

한편 이자나기는 아들을 낳다 죽은 사랑하는 아내 이자나미를 지상 세계로 데려오기 위해 지하 세계인 황천(黃泉)으로 내려갔다. 그러나 너무 늦게 도착하는 바람에 이자나미의 몸은 이미 썩고 있는 상태였다. 이자나미는 자신의 모습을 보지 말라고 요청했지만, 이자나기는 그녀의 요청을 무시하고 몰래 그녀의 몸을 불에 비추어 보았다. 그녀의 몸에 고름이 흐르고 구더기가 우글거리고 있었다. 이때 구더기와 시신에서 각종 악신들과 공포를 상징하는 신들이 태어난다. 놀란 이자나기가 달아나려고 하자, 이자나미는 이자나기를 원망하면서 지하 세계의 여러 귀신으로 하여금 이자나기를 붙잡게 하였다. 이자나기는 도망가던 중 우연히 복숭아나무를 발견하고는 복숭아 세 개를 그들에게 던졌더니 그들이 혼비백산하여 도망쳤다. 이 때문에 일본에서는 복숭아가 못된 기운을 쫓아내는 신성한 과일이라고 믿고 있다.

이렇게 가까스로 저승에서 빠져나온 이자나기는 바윗돌로 지하 세계의 통로를 막아 버렸다. 그리고 그는 황천에 갔던 일을 후회하며 바다 속으로 들어가 더럽혀진 몸을 씻었다. (바로 이 신화에서부터 미소기하라이[禊祓]라는 신도의 중요한 정화 의식이 생겨났다. 지금도 신도에서는 신에게 참배하러 가기 위해서는 먼저 미소기하라이를 행하여 몸을 정결하게 해야 한다. 이것이 나중에 신사참배의 일환으로 한국 목회자들에게도 행해졌다.)

한편 바다에서 몸을 씻은 이자나기가 자신이 가지고 있던 지팡이와 허리띠 그리고 나머지 의복을 던지니 각각 신이 되었다. 그리고 이자나기가 바닷속에 들어가 왼쪽 눈을 닦으니 일본의 모든 신 가운데서도 가장 높이 숭배되는 해의 신, 아마데라스(あまてら-す)라는 여신이 나왔다. 그리고 오른쪽 눈을 씻으니 쯔꾸요미(月讀尊, つくよみ)라는 달의 신이, 그리고 코를 씻으니 스사노오(素淺鳴尊, すさのお)라는 폭풍의 신이 나왔다. 이 신들은 다른 신들보다 더 강력한 힘을 가지고 있기에 삼

귀자(三貴子: 세 명의 귀한 자손이라는 뜻)라 한다.

　해의 여신인 아마데라스는 하늘에서 세상을 내려다보다가 지상에 있는 섬나라가 혼란에 빠져 있음을 걱정하게 되었다. 지상으로 추방된 스사노오가 섬을 다스리고 있었지만 만족스럽지가 않자, 그녀는 자기 손자인 '니니기'(瓊瓊杵尊, ににぎ)를 섬에 보내 대신 다스리도록 하였다. 이때 니니기와 함께 수많은 신이 하늘에서 함께 내려오는데, 이들은 후일 여러 귀족 가문의 조상이 되었다. 이때 아마데라스는 니니기에게 세 가지 보물, 즉 구슬(마가타마[まがたま]), 칼(츠루기[つるぎ]), 거울(카가미[かがみ])을 주었다. 이것을 삼종신기(三種神器)라고 하는데, 지금도 새로운 천황이 계승될 때, 왕위를 잇는 증표로서 이 삼종신기가 계승된다고 한다.

　이 땅에 내려온 니니기는 이 명령에 복종하여 먼저 규슈(九州)섬부터 다스렸다. 이 니니기로부터 인간으로서는 첫 번째 천황이 된 신무(神武)천황이 태어나는데, 신무천황은 니니기의 증손으로서, 규슈에서부터 시작하여 일본 중앙에 있는 야마도(大和)지방을 정복하여 그곳에 수도를 세웠다. 전해지는 말로는 이때가 기원전 660년이라고 한다.

　바로 이런 신화에서부터 일본 천황은 태양의 여신인 아마데라스의 직계 후손이며, 일본의 여러 섬도 신이 만든 것이고, 일본 국민들 역시 신의 후손이라는 관념이 형성되었다. 그리고 일본의 귀족 가문과 일반 백성들은 일본의 여러 섬에 거주하고 있던 보다 낮은 등급의 신으로부터 나온 자손이라고 하여 출신 성분이 이미 정해진 것으로 여겼다. 천황이 일반 백성들보다 더 신성한 존재라는 의식은 이미 출신 성분부터

다르다는 이 신화에서부터 시작되었다고 할 수 있다.[1]

일본에서 천황은 아마데라스 여신의 직계 후손이라는 이 신화에서부터 절대군주로서의 위치를 갖는다. 천황은 정치, 군사의 지배자인 동시에 국가적 제사(國祭)를 행하는 최고의 제사장이었다. 지금도 천황은 매년 11월 23일에 벼풍작을 기원하는 수확제인 신상제(神嘗祭: 니이나메사이[にいなめさい])를 거행한다.[2]

2. 국가 신도

그러나 이 원시 신도도 한국과 중국으로부터 불교가 전래되자 큰 변

---

1 이와 같은 일본의 신화 내용은 두 번에 걸쳐서 정리가 되었다. 첫 번째는 일본의 나라 시대에 편찬된『고사기(古事記)』와『일본서기(日本書紀)』에서 신화 정리가 이루어졌다. 이 책들에서 천조대신(天照大神)이라고 하는 아마데라스로부터 이어지는 천황가의 계보를 정리하고, 각 지역에서 산발적으로 전해지던 신화들을 통합하는 과정을 겪는다. 이를 통해 천황을 중심으로 하는 중앙집권 국가가 완성된다.
두 번째는 근대 메이지유신 이후 일본이 천황 중심주의를 확립하기 위해 다시 한번 이런 신화들을 정리한다. 천황을 살아 있는 신으로 승격시키기 위해『고사기』와『일본서기』의 내용들을 실제적인 역사로 둔갑시켰다. 특별히 아마데라스의 동생인 스사노오란 신을 한국의 단군과 동일시하고, 신공황후의 삼한 정벌 이야기를 사실로 규정하여 일본과 조선의 뿌리가 하나라는 일선동조론(日鮮同祖論)을 펼치기도 하였다. 그리고 남산에 조선 신궁이 세워졌을 때, 이 신궁에 모실 신으로 아마데라스와 더불어 스사노오를 추천하기도 했다. 이렇게 신화 내용을 두 번이나 정리한 것은 신화를 통해 천황의 신적 기원을 정당화함으로써 천황을 신성화시키려는 것이었다.
2 이상의 신도 내용에 대해서는,
일본의 종교: 신도(神道) http://haedodi.egloos.com/2839138
『일본의 민족종교 신토』, 탁양현, (서울: 퍼플, 2020).
일본답사 기본상식 7: 신도와 신사, https://ehddu.tistory.com/1220
허호익, "신도란 무엇인가", 허호익 신학마당, http://theologia.kr/board_korea/26948 등 참조.

화를 맞게 된다. 6세기에 불교가 전해지자 한동안은 유력한 씨족들 간에 이 불교를 수용하느냐 배척하느냐 하는 논쟁이 벌어졌다. 이러한 숭불과 배불의 싸움은 결국 숭불파의 승리로 돌아가게 되었고, 일본인들이 불교를 수용하면서 기존의 민간신앙이었던 신도와 이 불교가 혼합되게 된다.

이러한 신도와 불교의 혼합이 일어나면서, 불교는 불교의 틀 내에서 신도의 신들을 수용하였고, 신도는 불교적인 색채를 가진 신도로 변화되었다. 불교의 승려들은 여러 신사의 경내에 '신궁사'(神宮社)라는 특별한 절을 세워 신사의 신에게 봉헌했다. 그리고 역으로 불교에서는 각 지방의 신이나 수호신을 각 절에 모아서 불교식으로 숭배하기도 했다. 그래서 신도의 유명한 신들에 대해 불교의 보살이나 부처의 화신이라는 칭호를 붙였다. 예를 들어, 아마데라스는 신도의 근본신이자 태양신이라는 특징으로 인해 부처 가운데 한 명인 '대일여래'(Maha-Vairocana: 大日如來)의 현현이라고 주장되었다. 또 각각의 특성에 따라 스사노오는 약사여래(藥師如來), 하치만신(八幡神)은 아미타여래(阿彌陀如來), 이자나기는 석가여래(釋迦如來), 이자나미는 천수관음(千手觀音)의 화신으로 각각 주장되었다.

그러다가 17세기 도쿠가와 막부 시대가 시작되면서 신도가 불교의 영향에서 벗어나려는 움직임이 일어나기 시작한다. 도쿠가와 막부의 창시자인 도쿠가와 이에야스(德川家康)는 정치적, 사회적 이념으로서 불교보다는 유교에 매력을 느꼈다. 그래서 그는 불교의 폐단을 지적하고, 불교식의 신도가 아닌 정통 신도로 되돌아가기를 원했다.

이런 분위기는 일본의 통치 권력이 천황제로 바뀌면서 더 강력한 형태로 추진되었다. 그동안 천황은 군림하긴 했지만 상징적 위치만 차지할 뿐 실질적인 권한이나 통치는 토쿠가와 이에야스가 세운 막부가 담당했었다. 그러다가 미국의 페리 제독이 이끄는 군함에 의해 일본의 항구들이 강제 개항되면서, 여러 서구 열강의 강력한 무력 앞에서 무기력해진 자국의 모습을 본 일본 지도층들은 강력한 중앙집권체제의 필요성을 절감하게 되었다. 그러는 가운데 일본 내에서는 그동안 일본을 지배해 온 토쿠가와 막부에 대항하여 존왕양이(尊王攘夷) 운동이 일어났고, 그 결과 1868년 막부 체제가 무너지고 국가권력은 천황으로 옮겨지게 되었다. 그들은 천황이 직접 통치하는 형태로 국가체제를 재조직하면서 1889년 육군과 해군을 천황이 직접 통수하도록 하는 대일본 제국 헌법을 제정하였다.

그런데 그들이 천황의 왕권을 강화하기 위해 한 일은 단순히 일본군의 통수권과 외교권을 천황에게 돌린 것만이 아니었다. 제정된 헌법 제3조에 천황의 신성불가침성을 규정하는 내용을 포함시켰다.

제1조 대일본 제국은 천황이 다스린다.
제3조 천황은 신성하여 침범하지 못한다. (필자의 밑줄)
제4조 천황은 국가 원수로서 통치권을 총괄하며 헌법 조항에 따라 이를 행한다.
제5조 천황은 제국 의회의 협조를 받아 입법권을 행한다.
제11조 천황은 육·해군을 통수한다.
제13조 천황은 전쟁을 선언하고 강화하며 제반 조약을 체결한다.[3]

---

3   1889 대일본제국헌법, 위키백과에서 발췌(https://ko.wikisource.org/wiki).

천황을 신성불가침이라고 명기한 것은 천황을 단순히 국가의 수장 정도가 아니라 신적인 존재로까지 격상시킨 것이다. 이것은 천황에게 세속적 권력에 종교적 권력까지 부여한 것이었다.

메이지 천황(明治天皇)이 집권하자 황권을 강화하는 과정에서 제일 먼저 시행한 일은 신도를 국가 종교로 만드는 일이었다. 그러기 위해서는 먼저 신도로부터 불교적인 색채를 제거하고 신도의 지위를 격상시켜야 했다. 이에 따라 신사 안에 있던 신궁사는 철거되었고, 신사에 모시던 불상과 탑 등 불교적 시설물들도 대부분 철거되었다. 그리고 신도의 신을 부처의 현현으로 보았던 신불융합적 사상도 제거되었다. 왜냐하면 위대한 천황의 조상신들이 부처보다 낮을 수는 없었기 때문이다.

그러나 근대국가 일본은 형식적으로는 정교분리의 원칙을 가진 세속 국가였기 때문에 종교로서의 신도를 그대로 국가 통치 이념으로 도입할 수는 없었다. 이에 따라 일본 정부가 취한 태도는 종교로서의 신도와 민족정신으로서의 신도를 구분하는 일이었다. 일본 정부는 신도를 종교가 아닌 민족정신, 혹은 민족 윤리로 포장하였다. 즉 신도는 종교가 아니라 민족 윤리를 체계화한 것일 뿐 아니라 국가와 천황에게 충성을 바치는 하나의 의식이라는 것이다. 그들은 이것을 국가 신도라고 불렀다. 국가 신도의 비종교성을 강조하기 위해 일본 정부는 1882년 국가 신도(신사 신도)와 교파 신도를 구분하였다. 그리고 교파 신도는 불교, 기독교와 함께 독립된 종교로 분류하여 재정지원을 하지 않았다. 반면 국가 신도는 종교가 아닌 민족정신으로 규정하면서 국가 신도를 일본의 공식적인 통치 이념 체계로 수립하고자 하였다.[4]

---

4   신도에는 여러 가지 개념이 있다. 신사 신도란 전국의 신사에서 이루어지는 제사 의

국가 신도는 종교가 아니라 국민적 규범이라는 교리적 정당화가 이루어지자, 이런 정책에 따라 일본 정부는 '신사국'(神社局)을 설치함으로써 국가적 차원에서 신도에 대한 지원과 관리가 이루어지도록 하였다. 일본 정부는 전국의 모든 신사를 정부에 등록하게 한 후, 신도의 수와 재산의 정도 그리고 황실 또는 정부가 어떻게 예우하느냐에 따라서 신사의 격(格)에 차등을 부여했다.

이 사격 제도에 따르면, 먼저 이세신궁(伊勢神宮)은 일본의 황조신(皇祖神)인 천조대신(아마데라스)을 모시는 가장 존엄한 곳이라 하여 아예 사격을 매기지 않았다. 그리고 그 밑으로는 크게 관폐사(官幣社)와 국폐사(國幣社)로 나누고, 그 안에서 다시 대(大)/중(中)/소(小)로 구분했다. 여기서 폐(幣)란 원래 신에게 바치는 예물을 뜻하는 말이나, 일본 정부가 각 신사에 주는 유지비(+다른 예물)를 가리키는 의미로도 사용되었다. 관폐사는 일본 천황가에서 유지비를 지원하는 곳이며, 국폐사는 일본 정부에서 유지비를 지원하는 곳을 의미했다. 이들 간의 서열은 '관폐대사 - 국폐대사 - 관폐중사 - 국폐중사 - 관폐소사 - 국폐소사' 이렇게 매겨졌다.

관국폐사 등급 밑으로는 부(府)나 현(縣)·번(藩)·향(鄕)·촌(村) 등 각 행정구역의 크기에 따라 설치된 부사·현사·번사·향사·촌사들이 있다.

례를 중심으로 하는 신도 형태를 의미하는 말인데 비해, 교파 신도란 교리와 교법을 세워 교단을 조직한 신도 형태를 의미하는 말이다. 또 국가 신도는 국가가 주체가 되어 모든 신도의 과정과 형식을 관장하는 것을 의미한다. 신리교나 천리교와 같은 교파 신도는 종교로 취급되어 문부성 종교국의 감독을 받았으나, 신사 신도는 국가의 종사(宗祀)로서 내무성 신사국에 속하여 국가의 관리와 지원을 받았다. 이런 점에서 신사 신도는 국가 신도의 도구 혹은 실질적 내용이라 할 수 있다. 그러다가 1945년 패전 이후, 신사 신도는 국가 신도로부터 분리되었다.

그리고 아무 격도 받지 못한 작은 신사를 무격사(無格社)라 했는데, 전체 신사들 중 절반 이상이 무격사였다. 무격사가 새로이 격을 받거나, 또는 이미 격을 받은 신사가 더 높은 격을 받는 것을 열격(列格: 렛카쿠[りっかく])이라 하였다.

한편 메이지 정부는 1872년에 이와는 별도로 별격관폐사(別格官幣社)라는 등급을 신설하였는데, 별격관폐사란 '나라에 큰 공을 세운 자'를 주된 제신으로 모시는 신사이다. 이 별격관폐사는 총 28개가 있었는데, 그중 가장 잘 알려진 곳이 바로 야스쿠니신사(靖國神社)이다. 야스쿠니신사는 천황이 직접 참배하는 신사라는 특별한 지위에 있었다.[5]

일본 정부는 1945년 제2차 세계대전에서 패망하기 전까지 문부성을 통해 약 11만 개의 신사를 관리했다. 그 가운데서 약 100개 정도는 정부가 직접 관리했고, 나머지는 정부가 부분적으로 보조하거나 지방 관서에서 후원하도록 했다. 이러한 국가 신사들에서 활동한 신도 사제의 수는 약 만 6천 명에 달했으며, 모두 정부에서 임명하였다. 이런 사제들은 장례식과 같은 종교의식은 행하지 않았고, 오직 '민족의 도덕성'을 고양하기 위해 공식적으로 마련된 제의만을 수행하도록 했다.[6]

이러한 국가 신도의 이념과 실행방법이 확립되자, 모든 국민에게는 국가에 대한 국민의례의 과정으로서 신사에 가서 제사를 드리는 것, 즉

---

5 나무위키, 조선신궁, https://namu.wiki. 패전 이후 1946년 연합군최고사령부는 사격제도를 폐지하였다. 현대에는 일본의 신사들 중 과거에 격을 받았던 곳들은 홈페이지 등에서 '옛 사격(旧社格) ○○○社'라고 알려 준다. 비록 제도가 폐지되긴 했어도 높은 격을 받았던 신사들은 그때나 지금이나 중요하게 대접받는다.
6 일본의 종교: 신도(神道) http://haedodi.egloos.com/2839138

신사참배를 장려하고 제도화하였다. 그리고 어린 학생들에게는 교육칙어를 통해 이런 것을 의무적으로 교육하도록 만들었다. 1911년에 발표된 문교부의 시행령에는 이런 내용이 포함되어 있다.

"숭경의 감정은 조상에 대한 존경심과 서로 연관되어 있으며 민족 도덕성의 기반을 세우는 데 가장 중요한 것이다. 따라서 학교가 위치해 있는 지역의 신사에서 축제가 벌어질 경우 교사들은 반드시 학생을 신사로 인도하여 참된 숭경의 정신을 보여 주어야 할 것이다." [7]

이에 따라 일본 학생들과 국민에게는 신사에 가서 참배하는 것이 국민적 의무로 자리잡게 되었다. 이런 경향은 특별히 일본에서 군국주의 색채가 강해지면서 국민 통합을 위해 더욱 더 강하게 추진되었다. 청일전쟁과 노일전쟁을 거치면서 일본에서는 군국주의가 강하게 대두되었고, 이것이 천황 중심주의의 국가 신도를 더욱 더 강화시켰다. 국가 신도는 전쟁터로 나가는 군인들에게 천황과 국가에 충성하다가 죽는 것이 최대의 영광이라는 믿음을 심어 주었다. 그리고 야스쿠니신사는 그것을 함양시키기 위한 중심적인 역할을 했다.

도쿄 중심부에 위치한 야스쿠니신사는 천황과 국가를 위해 충성스럽게 전사한 혼령을 신으로 모심으로써 그들에게 고귀한 죽음이라는 명예를 부여하였다. 2차 대전 막바지에는 카미카제 특공대(자살 특공대)원들 사이에서는 "야스쿠니에서 보자."라는 말이 마지막 인사말이 될 정도로 유행하였다. 전투기를 타고 적의 군함에 돌진하는 군인들은

---

7   일본의 종교: 신도(神道) http://haedodi.egloos.com/2839138에서 재인용.

'야스쿠니의 신이 될 수 있다.'라는 믿음으로 두려움을 없앴다고 한다. 그리고 일반 국민들에게는 이런 신사를 의무적으로 참배하게 함으로써, 이런 천황 중심적 국가 신도의 이데올로기를 국민들이 자연스럽게 받아들이도록 만들었다.

일본에서의 신사참배 제도는 이런 국가 신도라는 사상적 배경 속에서 탄생되었다. 신사참배는 국가 신도를 고양하거나 전파하는 중요한 수단이었고, 반대로 국가 신도는 신사참배 행위의 이데올로기적 배경이라 할 수 있다. 일본은 후에 조선을 강제로 병합하면서 이런 정책을 기독교도들을 포함한 전 한국민들에게도 강요하였다. 이에 따라 우리 기독교에도 신사참배의 폭풍이 몰려오게 되었다.

3. 국가 신도는 과연 종교인가 아닌가?

일본 정부는 우리 기독교에게 국가 신도는 종교가 아니라 애국적 국민의례일 뿐이라는 명분으로 신사참배를 강요하였다. 이에 따라 우리나라의 일부 기독교인들은 그러한 일본 정부의 선전에 넘어가서 자발적으로 신사참배를 하기도 하였다.

그러면 과연 이러한 국가 신도는 종교인가 아닌가? 먼저 국가 신도는 종교가 아니라는 주장을 한번 살펴보자.

일본의 국회 속기록에는 국가 신도는 종교가 아니라는 근거를 다음의 네 가지로 정리하여 제시하고 있다.

1) 신사는 국체 내지 도덕의 표징이다. 또한 일반 종교처럼 창시자라든가 경전이 없으며 내세도 설하지 않으므로 종교가 아니다.

2) 신사는 일본 고대 민족 생활의 연장이며 종교와는 그 기점이 다르다. 또한 신의 성질에 있어서도 외국의 종교 개념과는 전혀 다르다.

3) 신사 제사의 본의는 숭경과 경애에 있다. 때문에 신을 제사 지내는 것은 부모를 섬기는 것과 마찬가지다. 즉 제사는 효의 연장이다. 신사에서의 기원이나 기도는 이와 같은 제사 정신의 반향이다. 때문에 신사는 일반 종교와는 전혀 성질이 다르다.

4) 출발점에 있어 신사 신도는 국가적이며, 기성 종교는 개인적이다. 또한 조상숭배는 국민일체의 도덕적 규범이지 종교 행위는 아니다.[8]

과연 이 주장들이 타당한 것인가 살펴보자.

먼저 논지 1)에 따르면, 종교는 경전과 창시자가 있어야 하고, 내세에 대한 주장이 있어야 한다고 전제한다. 이 주장에서 염두에 둔 종교의 모델은 두말할 것 없이 기독교이다. 기독교는 경전도 있고, 창시자도 있으며 내세에 대한 주장이 있다. 그런데 국가 신도는 그런 것이 없기 때문에 종교가 아니라고 한다. 그러나 이러한 주장은 종교를 아주 좁은 의미로 한정할 때 성립되는 말이다. 예를 들어, 샤머니즘이나 혹은 성경에 나오는 바알 신앙과 같은 것들도 분명 종교임에 틀림없다. 그들도 종교심을 가지고 신을 숭배하며 열정적으로 종교 행위를 한다. 그러나 그들 종교에는 경전도, 창시자도 없으며, 또한 내세에 대한 주장도 없다. 그저 현세에 복받는 것을 목표로 자연 발생적으로 생겨난

---

8   박규태, "국가 신도란 무엇인가", 『종교연구』 29, 233에서 재인용.

것들이다. 그렇다면 이들은 종교가 아니란 말인가?

일반적으로 기복적 성격을 띠는 샤머니즘이나 하등 종교들은 대부분 현세적이며 경전이나 창시자가 없는 것이 많다. 이런 것들도 종교라고 한다면(실제로 종교학에서는 이런 것들도 종교로 인정한다), 국가 신도가 종교가 아니라는 주장은 결코 성립되지 않는다. 그러므로 경전과 창시자의 존재 그리고 내세성에 대한 강조는 종교 안에서의 차이를 의미할 뿐, 종교냐 아니냐를 구분하는 기준은 아닌 것이다.

논지 2)는 기원을 가지고 종교의 기준으로 제시한 것이다. 신사 신도는 고대 일본 민족의 생활의 연장이기 때문에 종교가 아니라는 것이다. 이 말은 종교는 어느 때부터 시작점이 있어야 한다는 의미다. 그러나 샤머니즘과 같은 자연종교들은 대부분 신도처럼 기복적 의미에서 신을 찾고 기도해 왔다는 점에서 일상생활의 연장선에서 이루어진 것들이다. 그것들은 사람들의 생활 속에서 자연 발생적이다. 그렇다면, 이것 역시 기독교나 불교와 같은 창시자가 있는 고등 종교들과의 차이점을 의미할 뿐 종교와 비종교의 차이점을 설명하는 기준이 될 수 없다.

논지 3) 역시 비슷한 차원에서 이야기될 수 있다. 신도에서 말하는 신의 개념과 기독교나 이슬람에서 말하는 신의 개념이 차이가 있다는 것은 분명하다. 후자는 유일신이며 인격신인 반면, 전자는 다신론이며 때로 신의 종류에 따라서는 비인격적 요소도 존재할 수 있다. 그러나 그렇다고 그들이 신을 부정하는 것이 아니다. 특정한 능력을 가진 존재들을 가미(신, かみ)로 숭배하며, 또 그들에게 복받기 위해 제사를 지내기도 한다. 그렇다면 이들 역시 신의 성질에 차이가 있을 뿐 신을 믿고

있는 것이다. 그러므로 신의 개념 역시 종교 안에서의 차이를 의미할 뿐 종교냐 비종교냐를 구분하는 기준은 아니다.

논지 4)는 두 가지 주장이 함께 있는데, 따로 나누어 생각해 보자. 첫 번째는 신사 제사는 효도와 비슷한 개념의 숭경과 경애의 정신에서 나오는 것이기 때문에 종교가 아니라는 것이다. 그러나 우선 신에 대한 제사라는 것을 단순히 부모에 대한 효도와 동일한 차원에서 생각할 수 있을까? 우리 기독교에서는 조상신에 대한 제사조차 우상숭배라 하여 금지하고 있다. 그것은 조상에 대한 제사가 단순히 돌아가신 부모나 조상들에 대한 효도 이상의 의미가 있다고 보기 때문이다. 우선은 조상을 신으로 이해하는 것 자체가 효도의 차원을 넘어 신을 숭배하는 차원으로 이해한다. 게다가 그들은 신사라는 종교 기관을 이용하고 제사와 기도라는 의식을 행한다. 그렇다면 천황의 조상신에게 제사하는 것이 어찌 살아 있는 부모님에 대한 효도와 동일한 차원으로 이해할 수 있을까? 그것은 신에 대한 숭배요, 그 자체가 종교인 것이다.

두 번째는 개인적인 것은 종교요, 국가적인 것은 비종교라는 것이다. 그러나 종교가 모두 개인적인 것만 있을까? 과거 중세는 기독교를 국교로 한 적이 있고, 현재도 중동 국가들은 이슬람을 국교로 삼고 있다. 이들 나라는 모두 종교를 국가적 차원에서 관리하고 있다. 특별히 이란과 같은 나라에서는 성직자가 국가 최고지도자의 위치를 가지고 있다. 그렇다면 이들은 종교가 아니라는 말인가? 국교라는 말 자체가 종교를 국가적 통치 이념으로 생각하기에 종교를 국가적인 차원에서 관리한다는 의미다. 그러므로 개인적인 것만 종교요 국가적인 것은 비종교라는 말은 전혀 타당하지 않다. 국가 신도가 국가적이라는 말은 신도가 종교가 아니라는 의미가 아니라, 오히려 일본의 국가 종교, 즉 일본의 국교라는 의미일 뿐이다.

그러므로 국가 신도가 비종교의 근거로 내세운 것들은 사실상 비종교의 근거라기보다는 기독교나 불교와 같은 다른 종교들과의 차이를 이야기한 것 밖에는 되지 않는다.

뿐만 아니라 신사 신도에서는 적극적으로 이렇게 기술하고 있다.

"신도의 최고의 신은 황조 천조대신(天照大神)이며, 가장 실질적인 신은 현인신인 천황이며, 신도의 가장 중요한 문제는 조선에 봉사하는 심리, 즉 숭조관념(崇祖觀念)이요 천황 및 국가에의 봉사, 즉 충군애국(忠君愛國)이다." [9]

"일본은 신의 나라이고 이 나라는 태양 여신 아마데라스 오미가미(天照大神)의 만세 일계의 손자 현인신 천황의 다스리는 나라이며 그 천황은 신성불가침이다. 이 천황에게 국민은 죽음으로써 충성할 것이며 천황의 황조황종인 조상신들을 모신 신사에 참배치 않는 것은 비국민이다." [10]

여기에 보면, 일본을 신의 나라로 그리고 천황을 천조대신의 직계손이자 현인신으로 표현하고 있다. 현인신(現人神)이란 "인간의 모습으로(인) 세상에 나타난(현) 신", 혹은 "인간이며 동시에 신"이라는 뜻이다. 이것은 천황이 마치 인성과 신성을 동시에 가지신 예수님과 같다는 말

---

9   박용규, 『한국 기독교회사 II』, (서울: 한국 기독교사연구소, 2017), 687에서 재인용.
10   이근삼, "신사참배 거부에 대한 재평가," 김승태, 『한국 기독교와 신사참배 문제』, (서울: 한국 기독교역사연구소, 1991), 11에서 재인용.

이다. 그러기에 천황은 신성불가침이며, 국민이라면 당연히 이 천황에게 죽음으로 충성해야 하며, 천황의 조상신들을 모신 신사에 반드시 참배해야 한다는 것이다. 국가 신도가 종교라는 사실을 이것보다 더 분명하게 보여 주는 증거가 또 있을까?

사람을 신으로 모시는 것이야말로, 전형적인 종교 행위이다. 우리 기독교적인 시각에서 본다면, 이것은 하나님이 가장 미워하시는 우상숭배 행위이다. 더구나 일본은 천황은 신성불가침이라는 사실을 헌법에 명기하였다. 헌법은 그 나라의 정체성을 규정하는 공식적인 최고 법령이다. 여기에 천황의 신성불가침성을 명기함으로써, 일본은 형식적으로는 정교분리를 주장하는 근대국가이면서도, 그 실질적인 내용에서는 천황신교를 믿는 제정일치 국가가 되었다.

고대에는 통치자를 신으로 숭배한 제정일치 국가가 드물지 않았다. 고대 이집트에서도 통치자인 바로(파라오)를 신으로 숭배하였고, 고대 로마 제국에서도 통치자인 황제를 신으로 숭배한 적이 있었다.

그러나 근대화 시기 이후에는 어느 나라도 통치자를 신적인 존재로 격상시킨 예가 없다. 물론 북한에서도 통치자인 김일성과 김정일을 신격화시키기는 했지만, 그러나 신이라고 말하지는 않았다. 그런데도 근대화된 일본은 살아 있는 천황을 신이라고 추앙하였다. 그리고 헌법에 이런 조항을 명문화했을 뿐 아니라 여러 가지 교육칙서를 통해 이런 신앙을 국민들에게 강요하고 있는 것이다.

뿐만 아니라 신사 신도에서는 신사에 봉안한 존재들을 모두 신으로 모신다. 여기에는 신으로 숭배되는 일본 천황의 조상신뿐 아니라 전쟁하다 죽은 전사자들까지 모두 신으로 간주한다. 이들 신을 모신 곳에 절하는 것이 바로 신사참배다. 일제는 신사참배에 대해 다음과 같이 교육했다.

"나라가 부강하고 발전하는 것은 이 신들의 덕이다. 따라서 신사참배를 할
때 이 신들의 뜻을 받들고 신들의 공적을 본받아 우리도 황국을 돕는 일념
을 가지는 참된 경지에 나아가야 할 것이다. 그때 신을 뵙는 묘경에 나아갔
다고 하겠다. 단지 자신과 자기 가족을 위한 기도만 한다면 신을 뵐 수 없다.
옛날부터 우리나라 일본 제국은 사정(社政)일체이다. 신사와 정치는 분리되
지 않는다. 신사참배는 시민의 의무이다." [11]

그러므로 신사에 모셔진 신들에게 절하는 것을 단순히 국민의례라
고 할 수는 없다. 조상신들에게 제사하는 신사참배는 우상에게 절하는
종교 행위다. 결국 국가 신도는 종교가 아닌 것이 아니라, 모든 제도적
종교 위에 군림하는 종교 위의 종교, 즉 국가적 종교라고 할 수 있다.
무라카미 시게요시(村上重良)라는 일본학자는 국가 신도를 한마디로 이
렇게 설명한다.

"국가 신도는 근대 천황제 국가가 만들어 낸 국가 종교이며, 메이지유신에
서 태평양 전쟁 패전에 이르는 약 80여 년간 일본인들을 정신적으로 지배했
다. 19세기 후반에 등장한 이 새로운 국교는 신사 신도와 황실 신도를 결합
하여 궁중 제사를 기준으로 신궁 및 신사의 제사를 조합함으로써 성립되었
다." [12]

---

11 『매일신보』 1941년 3월 19일.
12 박규태, 앞의 글, 229에서 재인용.

"국가 신도는 세계 종교사에서도 그 유례를 찾아보기 힘든 특이한 국교였다. 그것은 근대 천황제라는 국가 권력의 종교적 표현이며, 신도, 불교, 기독교의 공인 종교 위에 군림하는, 내용이 결여된 국교였다." [13]

이처럼 국가 신도의 종교성이 분명한데도 불구하고 국가 신도가 종교가 아니라고 주장하는 이유는 무엇인가? 한마디로 천황에 대한 국민들의 충성을 이끌어내기 위한 정치적 필요에 의해 만들어진 것이다. 시바대신궁의 사사(社司)인 야쓰하라 키오스케는 행정상의 필요 때문에 국가 신도와 교파 신도를 나누어 생각한 것이지 실제로 국가 신도는 종교였다고 말한다. 쉽게 말하면, 처음부터 종교적인 성격을 지닌 국가 신도를 보편적으로 수용할 수 있도록 행정 편의상 둘로 구분했다는 것이다. 그러므로 국가 신도 및 신사참배는 본래부터 종교적인 성격을 가지고 있었고, 본질상 종교와 분리될 수 없었다.[14]

사정이 이렇다 보니까 일본 내에서도 기독교인들의 반발이 없었던 것이 아니다. 1890년에 이런 내용들을 반영한 교육칙서들이 각 학교들에서 공포되자, 일본의 기독교인이자 제일고등중학교의 촉탁 교원이었던 우찌무라 간조(內村鑑三)는 칙어에 대한 배례를 거부하였다. 그러자 이것이 신문 잡지에 무례하고 발칙한 불경의 행위로 보도되어 사회적인 물의가 되었다. 우찌무라 간조는 일본 사회에서 '비국민'으로 지탄을 받았고, 결국 그는 이 일로 교직을 그만두어야 했다.

---

13 아오키 오사무, 『일본회의의 정체』, 이민연 역, (서울: 율리시즈, 2016), 122에서 재인용.
14 박용규, 앞의 책, 692-693에서 재인용.

이처럼 이 국가 신도의 이념은 일부 기독교인의 반발이 있긴 했지만, 전반적으로는 일본인들에게 쉽게 수용이 되었다. 그것은 이 국가 신도가 이미 일본인들 대부분이 신봉하고 있던 일본의 전통 종교인 신도에 기반하고 있었기 때문이다.

4. 지금도 남아 있는 흔적들

2차 세계대전에서 일본이 패망했을 때에 형식적으로는 국가 신도가 포기되었다. 1945년 점령군인 연합국사령부는 국가 신도를 폐기하고 신사에 대한 정부의 지원을 금지하도록 했으며 천황의 신성을 부정하는 포고령을 발표했다. 군통수권자이기도 했던 일본 천황은 "나는 신이 아니고 인간이다."(1946년 1월, 국운진흥조서)라고 선언한 뒤 인간의 자리로 내려와 '상징 천황'이 됐다.

그러나 그 정신이 완전히 사라졌다고 보기는 어렵다. 왜냐하면 국가 신도의 기반이 되었던 신도는 여전히 일본인들의 정신을 지배하고 있기 때문이다. 일본 문부과학성의 종교 인구 조사에 의하면, 신도가 1억 2천 만 이상(거의 100%), 불교 9천 만 이상(거의 70%), 그리스도교 150만(1% 내외), 기타 신흥 종교 몇 만 명으로 발표되었다. 종교인 숫자가 일본 전체 인구보다 더 많은 이상한 결과가 나온 것이다. 이 통계가 의미하는 것은, 불교와 동시에 신도를 믿는 사람이 많다는 것과, 또한 신도는 일본인들에게 그냥 문화처럼 받아들여지고 있다는 의미다.

일본에서는 크리스마스나 부처님 오신 날 등 종교적 기념일은 그냥 평일이다. 일본의 최대 명절은 1월 1일부터 3일까지 법정공휴일로 지정된 양력 설날이다. 일본인들은 설날 연휴 첫 나들이는 온 가족이 전통 의상을 입고 신사에 가서 한 해의 행운을 비는 것으로 시작한다. 그런데 이 행사에 참여하는 인원이 어마어마하다. 일본 국민 10명 중 거의 8명이 참석할 정도이니 병자나 거동이 불편한 자를 제외하고는 거의 참석하고 있다고 해도 과언이 아니다.

그뿐 아니라 1000년이 넘은 신도에 기반을 둔 축제가 오늘날까지도 이어지고 있다. 남자가 태어난 지 32일, 여자가 태어난 지 33일 되는 날이면 신사(神祠)를 찾아가 축사를 받는 하쯔미야 마이리(はつ-みやまいり), 우리나라의 고사처럼 건물을 짓거나 재건축시에 그 땅의 수호신과 그 동네의 신을 받드는 지진제(地鎭祭)를 비롯하여 이사, 결혼, 액풀이, 합격 기원, 새해맞이 등 우리가 평소에 미신이라고 하는 거의 모든 일이 신도(神道) 문화 속에서 행해진다. 신도가 그들 속에 뿌리 깊게 자리 잡고 있다는 반증이다.

또 일본의 공휴일을 보면, 일본인들의 생활 속에 천황제가 얼마나 큰 영향을 미치고 있는지를 잘 알 수 있다. 우선 현 레이와 천황(나루히토 천황)의 생일인 2월 23일은 '천황 탄생일'이라는 이름의 공휴일로 지정돼 있다. 물론 이것은 천황이 바뀔 때마다 달라진다. 그리고 숨진 역대 천황들의 생일 가운데서도 몇몇은 지금도 공휴일이 되어 있다. 메이지 천황의 생일인 11월 3일은 '문화의 날'로 지정되어 공휴일로 되어 있다. 또 쇼와 천황(히로히토 천황)의 생일인 4월 29일은 '미도리(綠)의 날'(자연을 기념하는 날, 우리나라 식목일과 유사한 개념)이라는 공휴일로 지정되었다(후에 그 명칭이 바뀌었다). 메이지 천황은 재임 중 문화 창달에 기여했다는 이유로, 쇼와 천황은 식물학자 출신이라는 점이 고려되어 이름이 그렇게 붙여졌다고 한다.

또 건국기념일인 4월 11일은 기원전 660년에 초대 천황인 신무천황이 즉위한 날을 기념하는 공휴일이다. 우리나라 개천절과 유사한 날이다. 또 11월 23일의 '근로 감사의 날'도 천황과 깊은 연관을 가지고 있다. 신도에서 첫 수확한 벼를 신에게 바치는 신도제의 날이기 때문이다. 이날 천황은 직접 신상제라는 제사를 신에게 올려드린다. 또 7월 20일은 바다의 날인데, 이날 역시, 메이지 천황과 연관이 있다. 1876년 메이지 천황이 최신식 배를 타고 홋카이도를 거쳐 요코하마에 귀항한 날이 7월 20일인데, 이날을 기념하여 바다의 날로 제정한 것이다. 이렇게 따져 보면 일본의 법정 공휴일 14일 가운데 6일이 천황과 관련된 공휴일인 셈이다.

일본인에게 신적 존재로 군림했던 천황은 1945년 8월 15일 항복 선언을 함으로써 처음 공식적으로 사람의 위치로 내려왔다. 그러나 천황은 아직도 일반 국민의 의식 속에서는 신적 존재로 남아 있다.[15]

일본이 점차적으로 우경화되면서 이런 경향은 가속화되고 있다. 일본은 현재 급격히 우경화의 길을 걷고 있는데, 그 배경에는 성장하고 있는 주변국에 비해 상대적으로 약화되고 있는 자국민의 현실에 대한 울분과, 영광스러웠던 과거 체제에 대한 향수 그리고 일본의 우월의식 등이 자리 잡고 있다. 이런 일본의 우경화를 주도하는 우익단체가 바로 일본회의인데, 이 일본회의에서 배출한 대표적인 정치인이 바로 아베 신조, 전 수상이다. 그리고 아베를 이은 현 수상 스가도 일본회의 소속이다. 그리고 일본 내각 각료의 상당수도 이 일본회의 소속이다. 아베

---

15   일본의 종교: 신도(神道) http://haedodi.egloos.com/2839138

제4차 내각이 각료회의 20명(수상 제외) 가운데 15명이 일본회의 소속이었고, 그리고 아베의 뒤를 이은 스가 내각 역시 20명 가운데 14명이 일본회의 소속이다. 그러므로 일본회의가 일본을 이끌어 가고 있다고 해도 과언이 아니다. 이 일본회의는 기본적으로 천황제 부활, 헌법 개정, 국방의 재무장, 애국 교육 추진, 전통적 가족 부활 등을 추구한다. 한마디로 일본 제국주의 침략 전쟁을 일으킨 쇼와(히로히토 천황) 시대의 체제로 회귀하는 것을 목표로 하는 것이다.

일본회의는 원래 1997년 '일본을 지키는 국민회의'(국민회의)와 '일본을 지키는 모임'(지키는 모임)이 통합되어 탄생한 조직이다. 이 가운데 '일본을 지키는 모임'은 1974년에 결성된 종교 우파 조직인데, 그들은 1930년대에 "일본 정신의 현현"을 내세우며 창설된 신흥종교 단체 '생장의 집' 교주 다니구치 마사하루(谷口雅春, 1893–1985)의 사상을 추종하고 있다. 다니구치의 첫 작품『황도령학강화』(1920)에 이런 내용이 나온다. "전 세계 인류가 행복하게 인간다운 삶을 살아가려면, 날 때부터 신이 지도자로 정한 일본 황실이 세계를 통일해야 한다." "시작부터 일본은 세계의 지도국이며, 일본인은 세계의 지도자로서 신에게 선택받은 거룩한 백성이다."[16] 일본회의의 핵심 멤버 다수가 바로 이 다니구치가 만든 '생장의 집' 열성 신도들의 후손이니, 그들의 성격을 능히 짐작할 수 있다.

한편 이런 우익단체와 연결되어 있는 종교 단체가 바로 신도다. 2차대전 종전 이후 국가 신도가 폐지되자 기존의 신사들은 최고 권위를 지니는 이세신궁을 중심으로 신사본청(神社本廳)이라는 종교법인을 만들

---

16 아오키 오사무, 앞의 책, 83.

었는데, 이 안에 일본 전역의 약 8만 개의 신사가 소속되어 있다. 신사 본청은 일본회의와 자민당 등의 일본 우익 정치인들과 상부상조하면서 2차 대전 이후 쇠퇴하고 있던 신도의 정치적 영향력을 회복하려고 하고 있다.[17]

이 우익들의 주도로 2007년에 일본 국회가 '개정축일법'을 통과시키면서 4월 29일 미도리의 날을 다시 '쇼와의 날'로 바꾸었다. 그동안 2차 대전 전범이었던 히로히토(쇼와) 천황의 생일을 드러내 놓고 축하할 수 없었기에 미도리의 날로 위장했다면, 이제는 우익들의 입김으로 노골적으로 쇼와 천황의 기념일로 바꾼 것이다. 그만큼 일본이 우경화되고 있다는 증거다.

또 우익적 성향을 지닌 정치인들은 또한 끊임없이 전쟁범들의 위패를 모신 야스쿠니신사를 참배하려고 한다. 야스쿠니신사에는 메이지 천황을 위해 싸우다가 죽은 사람들부터 2차 대전 때 죽은 사람들까지 모두 246만 6,532명의 위패가 모셔져 있는데, 이 중 태평양전쟁 전몰자가 213만여 명으로 대부분을 차지한다.[18]

야스쿠니신사가 특히 문제가 된 것은 이 가운데는 A급 전쟁 범죄자로 단죄된 14명의 전범도 함께 들어 있다는 것이다. 1958년, 마지막 전범이 가출옥 허가를 받아 감옥에서 빠져나오기 전까지 야스쿠니신사에

---

17 일본을 지배하고 있는 일본회의의 역사와 정체에 대해서는 아오키 오사무의 책, 『일본회의의 정체』를 참고할 것.

18 여기에는 대다수가 군인이지만, 전쟁 중에 국가를 위해 죽은 민간인들도 일부 포함되어 있고, 우리나라나 대만 사람들도 일부 포함되어 있다. 야스쿠니신사에는 현재 한국인 전몰자 약 2만 1,000명이 합사되어 있는 것으로 알려져 있다. 우리나라의 유족들이 합사 철폐를 위해 소송까지 냈으나, 신사측에서는 이는 신의 영역이며 합사된 영혼들은 분리될 수 없다는 이유로 거절했다고 한다.

는 단 한 명의 전범도 없었으나, 전범들이 다 풀려나자 후생노동성은 1959년부터 B급과 C급 전범들, 즉 침략 전쟁을 직접적으로 기획, 시작, 수행하지 않은 자들을 점차 다시 신사 내에 들여놓기 시작하였다. 그러나 14명의 A급 전범들, 특히 태평양 전쟁을 시작한 도조 히데키 수상을 포함한 일본군의 핵심 수뇌부들에 대한 합사는 유보되었는데, 1978년 새로운 최고 제관이 임명되면서 몰래 이곳에 합사되었다. 이 사실을 알게 된 히로히토 천황은 이에 유감을 표시했고, 이후 신사참배를 거부하였다고 한다. 그러나 일본의 우익적 성향을 지닌 정치인들은 한국과 중국의 반대에도 불구하고 이곳을 계속 참배하고 있다.

역사는 반복된다고 했던가. 점점 더 우경화되면서 일본에서는 지금의 평화헌법을 개헌하고 과거의 모습으로 돌아가려는 분위기가 점점 더 짙어지고 있다. 특별히 최근 일본에서 논란이 되고 있는 '새 역사교과서를 만드는 모임'에서 집필한 역사 교과서도 이런 시각을 담고 있다. 이들은 이 교과서에서 전쟁 전의 황국사관을 전파하며 천황을 무오류의 신의 위치로 복원시키려고 노력하고 있다. 거기에 일본 국민들의 심성에 지배적인 문화로 자리잡은 신도는 그런 움직임에 든든한 토양이 되고 있다.

3장

신사참배,
그 치욕의
역사

1. 신사참배의 서막

신사가 처음 한국에 세워진 것은, 일본인이 부산에 상주하게 되는 17세기 초엽부터라고 할 수 있다. 임진왜란 이후 1609년에 일본과의 무역을 재개하는 을유조약이 체결되자, 일본인들이 부산에 상주하게 되고, 이들은 항해의 안전을 기원하기 위해 부산진에 신사를 세웠다. 이 신사는 1894년에 거류지신사라 개칭되었다가, 1900년에는 용두산 신사라 불리게 되었다. 그러나 신사가 본격적으로 세워지기 시작된 때는 1876년 강화도조약이 체결된 이후부터다. 일본인들이 개항장에 거주하게 되면서 그들은 거류지에 신사를 세워 천조대신과 메이지 천황 등을 숭배하였다.[1] 유대인들이 가는 곳마다 회당을 세웠다면, 일본인들은 가는 곳마다 신사를 세워 그들의 정신적 구심점으로 삼았다.

---

1   한석희, "신사참배의 강요와 저항", 김승태, 『한국 기독교와 신사참배 문제』, (서울: 한국기독교역사연구소, 1991), 48.

그러다가 일본은 우리나라를 식민지로 만들기 위해 신도를 이용하기 시작했다. 이 작업은 두 가지 면으로 추진되었다. 한편으로는 일본의 교파 신도를 한국에 침투시켜서 포교를 통해 일본의 신도를 한국민들에게 전파하도록 했다. 일본의 교파 신도의 하나인 천리교(天理敎)는 1893년 부산에서 포교를 시작했고, 또 다른 교파 신도의 하나인 신리교(神理敎)도 4년 뒤에 부산에서 포교를 시작했다. 그 결과 1912년에는 국내에 교파 신도의 신도 수가 5,312명, 1916년에는 8,553명으로 증가했다. 이 교파 신도는 국가 신도를 받아들이도록 하는 토양을 제공하였다.[2]

다른 한편으로는 한일합방 이후, 일본의 조선총독부는 국가 신도를 한국민들에게도 강요하였다. 국가 신도는 교파 신도와는 달리 종교가 아니라 국민의례라는 것이 그 명분이었다. 초대 총독이었던 데라우찌(寺內正毅)는 이런 것을 원활하게 하기 위해 먼저 1915년 3월 '사립학교 규칙'을 개정하였다. 이 규칙에는 기독교계 학교에서 성경 과목을 가르치는 것과 예배드리는 것을 금지하고, 일본어로 가르치도록 하는 내용이 포함되어 있었다. 또 교원 자격을 강화하여 선교사가 교사가 되지 못하도록 함으로써 학생들이 기독교의 영향력 대신 국가의 영향력 아래에 있도록 만들었다.

그와 더불어 1915년 8월에는 포교 규칙이라는 것을 발표하였다. 그 내용은 종교에 종사하는 이들은 자신들의 자격 및 이력서를 첨부하여

<hr />

2   김승태, "일본신도의 침투와 1910, 1920년대의 신사연구", 김승태, 『한국 기독교와 신사참배 문제』, (서울: 한국기독교역사연구소, 1991), 201.

조선총독에게 신고, 인가를 받아야 하며, 교회당, 설교소, 강의소를 설립하거나 변경할 때도 총독의 허가를 받도록 하라는 것이었다.[3]

이런 제도적 규제와 더불어 신사참배의 통로가 되는 신사를 한국에도 세워 나갔다. 한일합방 이전에도 이미, 1898년에 남산공원에 세워진 태신궁(太神宮, 1913년에는 이를 경성신사로 개칭)을 비롯하여 전국 각지에 42개의 신사가 세워져 있었다. 그러다가 합방 이후에는 전국에 크고 작은 신사가 무수히 건립되었다. 1917년 5월 7일에는 평양에 신사가 건립되었는데, 1925년에 완성된 서울의 조선신궁에 비해 작은 규모이지만, 을밀대 아래 높은 언덕에 세워져 있었기에, 이 평양 신사는 도시를 압도하는 위용을 자랑했다. 그리고 1925년에는 5년간의 공사 끝에 한국 전체 신도의 총본산으로 서울 남산에 조선신궁이 완공되었는데, 이때까지 이미 조선에는 신사(神社) 42개와 신사(神祠) 108개가 세워져 있었다.[4] 조선총독부는 이 신사들이 조선인을 일본의 충성스러운 신민으로 만드는 중요한 수단이라고 보았기에 신사참배와 국가 신도를 강요하기 시작했다.

기독교에서 신사참배가 크게 문제가 된 것은 1930년대 이후의 일이지만, 그러나 이미 1913년부터 국공립학교에서 신사참배를 강요하기 시작했고, 1920년대에는 사립학교에서도 신사참배를 강요하기 시작했다. 그런데 그 강요 정도는 시기마다 그리고 지역마다 약간씩은 차이가 있었다.

---

3   이만열, "신사참배와 한국 교회," 2012년 미래교회포럼 포럼 발표 논문.
     http://www.kscoramdeo.com/news/articleView.html?idxno=5840
4   한석희, 앞의 글, 49.

1919년 3·1 운동이 일어나자, 이에 놀란 일본 정부는 1920년대부터 소위 문화정치라는 이름으로 약간의 유화적 정책을 시행하였다. 1919년 3·1 운동 후, 새로운 조선총독으로 부임한 사이토 마코토(齋藤實)는 '포교 규칙'을 개정하여 교회의 설립을 허가제에서 신고제로 바꾸고, '사립학교 규칙'을 개정하여 기독교계 학교의 성경 교육을 인정했으며 기독교 단체의 법인 설립을 허가하고 법인이 소유한 부동산을 내국인법으로 허가하는 등 유화정책으로 선회하였다.[5]

이 때문에 신사참배 문제에 대해 기독교인들의 반발이 일어났을 때, 시기와 지역마다 약간씩 다르게 대응하였다. 1924년 10월 강경공립보통학교에서 학교의 연례행사로 그 지역 강경신사 예제일(例祭日)에 학생들을 강제로 동원하려 하자, 당시 강경성결교회 성도였던 김복희 교사와 기독교를 믿는 학생 26명이 당일 행사에 결석하고, 40여 명은 신사참배를 거부하는 일이 일어났다. 이 문제를 해결하기 위해 총독부 당국은 학부형까지 동원하여 설득시켰으나 김복희 교사와 7명의 학생이 끝까지 거부하자 결국 김복희 교사는 면직되고, 7명의 학생은 퇴학 처

---

5 9명의 조선총독 가운데 다른 총독들은 전부 육군대장 출신이었다면, 사이토는 유일한 해군대장 출신이었다. 그리고 그는 미국에서 유학한 경험도 있었기 때문에 유화정책을 시행하면서 기독교 선교부의 재단법인을 허가하고 30/1,000의 비율이었던 세금을 1/1,000의 비율로 감면해 주기도 했다. 이에 선교사들은 조선총독부에 협조하는 태도로 전환했다. 한국감리교의 감독(1916-1928)을 지냈던 웰치 선교사는 사이토 총독을 '기독교(개신교) 정신의 구현자'라고 부르기도 했다. 그러나 재단법인 설립은 결과적으로 선교부가 총독부의 통제를 받게 되는 계기가 되기도 했다.
한편 사이토 총독은 1927년 제네바 군축 협상에 전권대표로 참석하기 위해 조선총독직에서 물러났다가, 1929년에 조선총독에 재임명되었고, 1931년 조선총독직을 다시 사임하고, 이듬해 일본의 내각총리가 되었다. 이후 천황을 보좌하는 내대신으로 근무하던 중, 1936년 2·26사건을 일으킨 젊은 황도파 장교들에 의해 친미파로 몰려 도쿄 자택에서 78세의 나이로 살해당했다.

분을 받았다.

그러나 서울지역에서는 기독교인들의 반발이 일어났을 때, 신사참배를 강압적으로 시행하지는 않았다. 1925년 조선총독부는 한국의 민중들에게 좀 더 체계적으로 황국신민화 정책을 수행하기 위해 전 경성 시내가 잘 내려다보이는 서울 남산에 대규모의 조선신궁을 세워 조선신사의 총본산으로 만들었다.[6]

(출처 : 서울역사박물관 소장)

남산에 세워진 조선신궁

6　5년에 걸쳐 건축된 이 신사는 그 규모가 여의도 면적의 두 배에 해당되는 43만 제곱미터의 대지 위에 15개의 건물로 세워졌다. 이 조선신궁에는 천조대신과 메이지 천황이 주신으로 모셔졌다.

조선신궁이 완공되었을 때, 준공식인 진좌제에 앞서 10월 13일에 어령대(御靈代)라고 하는 제신의 혼백(거울)이 서울에 도착했다. 이때 총독부에서는 경부선 각 역에 관민 학생 다수를 동원, 봉송(奉送)의 예를 올렸을 뿐 아니라, 서울에서도 학생들을 동원하려고 했다. 그러나 개신교 선교부에서 설립한 학교들(연희전문학교와 세브란스의학전문학교, 배재, 경신, 이화, 정신, 배화학교 등)에서는 이에 반대하여 어령대 봉영식과 진좌제에 참석하지 않기로 결의했다. 그러자 총독부는 이를 강요하면 조선인의 반감만 더 사게 될 것이며, "신사를 통해 사상 선도를 하는 것은 시대착오적"이라는 내부 의견도 있어 적극적인 신사정책을 보류하고 일시 후퇴하였다.

또 다른 기록에 따르면, 이 당시에는 심지어 일본 관리들도 신사참배에 그리 열성적이지 않았다고 한다. 평상시는 물론이고 봄과 가을에 거행되는 제사 때에도 총독과 정무총감은 물론, 200명 이상이나 되는 총독부의 고등 관리들 중에서도 참배하는 자가 적었다. 이 때문에 4대 야마나시(山梨半造) 총독이 부임하자 조선신궁의 초대 궁사(宮司) 다카마쓰(高松四郎)가 1929년 1월 이런 서한을 보냈다고 한다.

"조선신궁 진좌 후 3년간 20회의 제사에 총독 총감 양 각하께서 참예(參例)하신 일이 한 번도 없었고 칙임관(勅任官)의 참예 또한 손으로 꼽을 정도입니다."[7]

---

7   이만열, 위의 글.

2. 몰려오는 신사참배의 폭풍

그러나 이런 분위기는 1930년대에 들어와서 만주사변과 중일전쟁이 이어지면서부터 급변하게 되었다. 1929년 세계 대공황이 일어나자 심각한 경제적 타격을 입은 일본은 경제적 어려움을 타개하기 위해, 1931년 9월 18일 만주사변을 일으켰다. 일본관동군 스스로 철로를 폭파한 후, 이를 중국군의 소행으로 선언한 뒤 전쟁을 일으켜 순식간에 많은 경제적 이권을 가진 동북 3성을 점령해 버렸다. 그러고는 청나라 마지막 황제 푸이를 만주국의 황제로 옹립하여 괴뢰정권을 수립한 뒤, 그 뒤에서 만주를 사실상 지배하였다. 이 사건은 후에 중일전쟁으로 그리고 나중에는 태평양전쟁으로 확대되었다.

이렇게 국가가 전쟁 상황으로 치닫자, 일본 정부는 더욱 더 군부의 입김에 좌우되어 강력한 군국주의로 변화되었다. 심지어 일본 내에서는 1936년에 군부의 보수 파벌인 황도파의 영향을 받은 일단의 젊은 장교들이 반란을 일으켜 온건파로 알려진 주요 일본 각료들을 살해하는 일까지 일어났다. 이들은 주로 소위에서 대위에 이르는 청년 장교들이었으며, 사회적 문제들을 해결하기 위해서는 천황이 친정을 해야 한다고 생각하여, 1,483명의 병력을 이끌고 반란을 일으켰다. 그들은 미리 살생부를 작성하여 그들의 이념에 방해가 된다고 생각하는 여러 명의 원로 중신을 살해하였다. 조선의 3대 총독을 지냈던 사이토도 이때 살해되었다. 그러나 천황의 복귀 명령이 떨어지자, 천황 친정이라는 쿠데타 명분이 사라지게 됨으로써 이 쿠데타는 실패로 돌아가고 말았다. 그러나 이 사건은 일본이 얼마나 군국주의의 길로 가고 있는지를 극명하게 보여 주었다.

만주사변 이후부터 일본 정부는 천황에 대한 충성과 국가의 통제를 강화하기 위해 신사참배를 노골적으로 강요하기 시작하였다. 그것은 교회보다는 학교에서부터 먼저 시작되었다. 1932년 9월에는 평양의 각급 학교에 평양에서의 춘계황령제(春季皇靈祭: 3월 21일, 자연을 찬양하고 생물을 소중히 여기는 제일[祭日])에 참석할 것을 강요하였고, 그해 9월에는 만주사변 및 상해사변 출정 전물 전사 위령제에 참석할 것을 명령하였으며, 또한 전국 각급 학교에 신사참배를 명령하였다.

그러나 선교사들이 운영하던 기독교 학교에서 신사참배에 대한 거부운동이 일어나면서 갈등이 확산되기 시작했다. 1932년 1월, 전남 광주에서는 남장로회에서 운영하던 숭일학교와 수피아여학교가 만주사변에 대한 기원제에 참가하지 않거나 참가하더라도 신사참배를 하지 않아 도 당국의 엄중 문책을 받았다. 그 다음 해 9월에는 평양 숭실전문학교를 비롯한 10여 개의 기독교 학교가 평남지사의 경고를 무시하고 '만주사변 1주년 기념 전몰자 위령제'에 참석하지 않아 해당 학교가 시말서를 쓰게 되었다. 1933년 9월 18일, 원산에서도 캐나다장로회 소속 진성여자보통학교와 함흥의 영생학교가 만주사변 2주년 기념일에 거행된 순난자(殉難者) 위령제에 참석을 거부하여 문제가 되었다.[8]

이렇듯 갈등이 심화되자 장로교 총회에서는 교섭위원들을 파견하여 기독교 신자의 자녀들이 신사에 참배하는 것은 기독교 교리에 위반되는 일이니 기독교 학교는 신사참배에서 제외시켜 달라는 의사를 총독에게 전달하였다. 그러나 조선총독부는 모든 학교는 조선총독의 교육령에 의해 운영되는 학교인 만큼 신사참배의 예외를 허락할 수 없다고

---

8   이만열, 위의 글.

대답하였다.

이 일은 그동안 총독부와 비교적 우호 관계에 있었던 선교부에게는 적지 않은 충격이었다. 그동안 조선총독부는 사이토 총독 이래 신사참배에 대한 비판적 소리를 그럭저럭 수용해 왔을 뿐 아니라, 또한 조선 사회에 기여한 선교사들의 공로를 인정하고 있었기 때문에 다소 낙관적인 기대를 하고 있었다. 그러나 선교사들의 기대와는 달리 조선총독부의 정책은 점점 더 완강해지기 시작했다.

이러한 가운데 신사참배 문제가 사회적으로 크게 확대되는 사건이 일어났다. 바로 1935년 11월 14일, 평양의 기독교계 학교의 교장들이 평안남도 지사의 지시를 거절하고 평양신사에 참배하지 않은 것이다.

일본 정부는 이미 서울에 있는 미션스쿨에 신사참배를 강요하였고, 이에 굴복하여 서울의 미션스쿨에서는 학생들의 신사참배가 이루어졌다. 1935년 한일합방 25주년을 맞이하여 10월 1일에 서울의 정신여학교가 그리고 조선신궁 창립 10주년 기념일인 10월 15-16일에는 정신여학교와 경신학교 학생들이 일본 정부의 강요에 따라 신사참배를 하였다.

그러자 이에 고무된 일본 정부는 여세를 몰아서 기독교가 가장 번성한 지역인 평양의 미션스쿨에도 신사참배를 강요하기 시작했다. 평안남도 지사 야스다케(安武直夫)는 1935년 11월 14일 도내의 공사립중등학교 교장회의를 소집한 후, 모든 학교가 신사참배할 것과 또한 회의에 참석한 교장들에게도 회의 전에 평양신사에 가서 참배할 것을 요구하였다. 그러자 숭실중학교 교장 조지 매큔(G. S. McCune, 尹山溫)과 숭의여학교 교장 대리 정익성(鄭益成), 순안 의명중학교 교장 리(H. M. Lee,

李希滿)는 기독교의 교리상 따를 수 없다고 거부했다. 그러자 야스다케 지사는 그 자리에서 신사참배에 응하지 않을 때는 단호한 조치가 있을 것이라고 경고하였다. 그 단호한 조치에는 교장의 파면과 강제 폐교까지 포함되어 있었다. 그리고 6일간의 유예기간을 주면서 추후 교장 자신의 신사참배 의향 여부와 학생들의 신사참배 의향 여부를 서면으로 회답하도록 요구했다.

당시 평양에 있던 선교계 학교는 전문학교 1곳, 중학교 12곳, 소학교 60곳 등 재학생만 10만 명이 넘었다. 하나님의 계명을 지키기 위해 폐교도 각오할 것인가? 아니면 학교를 지속하기 위해 신사참배에 협조할 것인가? 이 문제는 선교사들만의 문제가 아니라 한국 교회 전체의 문제이기도 했다.

문제의 심각성을 인식한 평양노회는 12월 13일에 장대현교회에서 200명의 목사와 선교사들이 모여 이 문제를 논의하기로 했다. 그러나 12월 7일에 평양경찰서는 신사참배 문제를 논의할 평양노회 개최를 불허했다. 결국 이 문제는 학교를 운영하는 선교사들이 결정할 수밖에 없었다. 이 갈림길에서 선교사들은 고민하지 않을 수 없었다. 실제로 이 문제는 평양의 선교사들만의 문제가 아니라 조선에 파견된 모든 선교사의 문제였다. 이 문제에 대해 선교사들 간에는 의견이 갈렸다. 그들의 입장은 소속 교단이나 사역하고 있는 내용 그리고 사역 지역에 따라 다소 차이가 있었다.

서울지역에 거주하는 북장로회 소속 선교사 중 연희전문학교 교장 언더우드(Horace Horton Underwood, 元漢慶: 초대 장로교 선교사였던 호러스 그랜트 언더우드[Horace Grant Underwood]의 장남)와 경신학교 교장 쿤스(E. W. Koons, 君芮彬) 등은 학교의 존속을 주장하며 신사참배에 타협적인 자세를 취했다. 그들은 신사참배는 종교 행위가 아니라 국민의례와 같기 때문에 신사참배를 수용하면서도 미션스쿨을 유지하는 것이 한국 교회를 위해 바람직하다고 보았다. 특별히 언더우드는 "가이사의 것은 가이사에게, 하나님의 것은 하나님께"(막 12:17)라는 말씀을 근거로 교육은 정부의 사업이며, 신사참배는 국가의식이라는 총독부 입장을 수용했다. 그리고 일본신사에 소나무 가지 종이로 된 조화를 바치는 것은 미국의 무명 전사자의 묘 및 링컨 기념비에 바치는 꽃다발과 비슷하다고 주장하였다.[9] 또 경신학교의 쿤스는 노리토(祝詞: 신도의 기원)나 타마구시(玉串: 신전에 바치는 삐쭈기 나뭇가지)를 바치는 것 같은 신도 의식에 참여하는 것이 아니라 단순히 절하는 행위만 하는 것은 우상숭배가 아니라고 보았다. 그리하여 그는 1935년에 이어 1936년에 학생들을 이끌고 신사에 가서 신사참배를 시행하였다.[10]

그러나 평양에서 활동하던 선교사들의 입장은 달랐다. 야스다케의 서면 요구를 받은 평양의 선교사들, 북장로교 선교회 실행위원장인 홀드크로프트(허대전, J. Cordon Holdcroft)와 솔터(소열도, T. S. Soltau) 그리고 해리 로즈(노해리, H. A. Rhodes) 등은 1935년 12월 31일 밤, 숭실학교 교장 매큔의 집에서 심야까지 논의한 후, 신사참배를 거부하기로 결정하였다. 여기에는 미국 북장로회 선교본부의 결정과 더불어, 자문을 구했던 주기철 목사, 박형룡 박사와 같은 한국 기독교 지도자들의 의견도 영향을 미쳤다. 이에 숭실학교 교장 매큔과 선교회는 기독교인

---

9   박용규, 앞의 책, 711,
10   이만열, 위의 글.

의 양심상 본인이 신사참배를 할 수 없을 뿐 아니라 학생들도 신사참
배에 참여시킬 수 없다고 야스다케에게 회답했다. 그러자 일본 당국은
1936년 1월, 매큔의 숭실학교 교장 및 숭실전문학교 교장직 인가를 취
소하였고, 스눅에게도 1월 22일 숭의여학교 교장 대리 인가를 취소하
는 조치를 취했다.

　선교학교 교장을 파면한 이 사건은 곧장 선교사들을 파송한 본국의
선교부에도 영향을 미쳐 선교부에서도 학교의 존폐 여부를 두고 심각
한 고민에 빠지게 되었다.

　먼저 미 북장로회 선교부에서는 한국에 있는 선교사들과 논의한 끝
에 현지 선교사들이 이 문제를 논의하여 결정하도록 했다. 이에 따라
1936년 6월에 서울에서 정기 선교사 연회(6.25.-7.2.)가 열렸다. 여기에
서 북장로교 선교회 실행위원장 홀드크로프트(J. G. Holdcroft, 許大殿)
등이 제출한 '교육 철수 권고안'을 논의한 후, 표결에 붙여 69대 16으로
가결했다. 이에 뉴욕 선교본부는 약 2개월 후에 현지 선교사들의 결의
를 받아들여 1936년 9월 21일 폐교를 승인하게 되었다. 이때 북장로회
소속 학교들 가운데 폐교하기로 결의한 학교는 평양의 삼숭(三崇, 숭실·
숭실전문·숭의)을 비롯하여 서울의 경신·정신, 대구의 계성·신명, 선천
의 신성·보성 등 9개 학교였다. 그러나 뉴욕의 선교본부에서는 홀드크
로프트 등의 폐교안을 승인하긴 했지만, 언더우드와 같은 소수파의 입
장을 용인하면서 학교 경영에 미련을 완전히 버리지 못했다. 그리하여
학교의 계속적인 운영을 위해 미션스쿨들을 노회 및 한국인에게 인계
할 것을 촉구하는 등 우왕좌왕하는 모습을 보였다. 그 와중에서 실제로
는 평양의 삼숭학교만이 폐교원을 제출했다.

미 남장로회 선교부는 이 문제에 대해 가장 선명한 입장을 가지고 있었다. 1936년 11월, 전주에서 개최된 남장로회 선교사 연례회의에서 만일 일본 정부가 신사참배를 강요한다면 교육 사업에서 철수할 수밖에 없음을 결의했다. 그들의 요청에 따라 1937년 2월에 본국의 해외선교부 총무였던 풀턴(C. D. Fulton)이 이 문제를 해결하기 위해 내한하였다. 풀턴은 일본에서 태어난 2세 선교사였기 때문에 신사참배의 종교성을 잘 알고 있었고, 이에 따라 신사참배를 시키기보다는 차라리 학교를 폐쇄하도록 하는 13개항의 이른 바 '풀턴 성명'을 발표했다. 이를 계기로 남장로회 소속의 광주 수피아와 숭일학교, 목포의 정명학교와 영흥학교, 전주의 신흥학교와 기전여학교, 군산의 영명학교와 멜볼딘여학교, 순천의 매산학교와 매산여학교가 각각 폐교를 신청했다. 이 여파는 학교들뿐 아니라 병원까지 이어졌다. 일본 정부가 남장로교 소속의 병원들에 가미다나라는 신단을 설치할 것을 요구하자, 남장로회 선교부는 1940년 선교부 관할 하에 있던 5개의 병원과 한센씨병원을 폐쇄시켰다.

경남지역에서 활동하던 호주 장로교 선교부는 1936년 2월 7일 총무 맥라렌(Ch. I. McLaren, 馬羅連) 주관 하에 회의를 열고, 관할하고 있는 기독교 학교들에서는 신사참배를 할 수 없다고 천명하였다. 그리하여 부산의 일신, 마산의 창신, 신의, 진주의 시원여학교 등이 문을 닫았다. 그러나 선교본부는 교육 사업의 중요성을 감안하여 학교를 계속 경영하기를 원했고 또 일본 당국과의 관계 개선을 위해 "신사참배는 종교적 행위가 아니다."라는 일본 정부의 주장을 받아들였다. 1938년 9월에 장로회 총회가 신사참배를 결의하자, 그 이듬해 1월에 특별위원회를 소집하여 신사참배는 하지 않으면서도 학교를 유지하려는 모든 노력을 계속하겠다고 했다. 그러나 이런 노력은 결국 벽에 부딪히게 되었고, 결국 대부분의 선교부 소속 학교들을 폐쇄시키지 않을 수 없었다.

캐나다 선교부는 1930년대 초만 하더라도 학교 문을 닫더라도 신사참배를 거부하겠다는 입장을 가지고 있었다. 그러나 1938년에 이르러서는 그 입장이 변화되었다. 신사참배는 애국적 행사라는 총독부의 주장을 그대로 수용하여 신사참배를 허용하면서 학교를 계속 경영하기로 했다. 이는 캐나다 선교부의 신학과도 연관이 있었다. 1898년 한국에 선교사를 파송한 캐나다 장로교회는 앞에 나온 다른 세 교단보다는 신학적 입장이 비교적 자유로웠다. 게다가 캐나다 장로교회는 1925년 감리교회·회중교회가 연합하여 캐나다연합교회로 개편되면서 한국에 들어온 다른 세 장로 교단과는 달리 신사참배 문제를 타협적으로 대처하였다. 이에 따라 캐나다 선교부 산하의 기독교 학교들은 지속적으로 유지할 수 있게 되었다.[11]

장로교 교단들이 신사참배에 대해 주로 반대하는 기조를 가졌던 것에 반해, 감리교나 안식교 그리고 천주교 등에서는 일본 정부와 신사참배에 대해 타협적인 입장을 취했다.

먼저 일제 강점기 당시 선교지 분할 정책에 의해 주로 경기, 충청지역에 기반을 두고 있었던 감리교는 신사참배 문제에 대해 그리 민감하

---

11   각 교파별 선교부의 입장들에 대해서는 이만열, 위의 글과 옥성득, "신사참배로 가는 길", 『기독교 사상』, 2019년 11월호 등을 참조.

게 반응하지 않았다. 여기에는 감리교 신학이 장로교에 비해 다소 진보적인 면이 있는 데다, 총독부 권력자들과 교류하던 인물이 많았다는 점도 영향을 미쳤다.

먼저 미국의 감리회 선교부는 신사참배는 애국적인 것이요, 종교적인 것이 아니라는 일본 정부의 선언을 액면 그대로 받아들였고, 이에 따라 한국 감리교 또한 신사참배를 수용하게 되었다. 1936년 양주삼 총리사는 4월 10일자 「감리회보」에 '신사문제에 대한 통첩'을 게재하여 신사참배를 정당화하는 입장을 피력하였다. 그리고 이로부터 1년 뒤인 1937년 6월 17일에는 한국감리교도 해외선교부 실행위원회를 열어 다음과 같은 다섯 가지 결정을 했다.

1) 신사가 애국적이요 비종교적이라는 정부의 성명을 그대로 받아들인다.
2) 이것을 학생들과 교인들에게 가르쳐 교파 신도와 국가 신도의 구별을 분명히 하도록 노력한다.
3) 성서를 가르치며 매일 예배할 수 있는 기회를 확보한다. 학교를 폐쇄함으로써 기독교 청년 교육을 정부의 학교에 몰아주는 것을 하지 않는다. 정부의 학교에서는 모든 학생이 신사에 참가하지 않으면 안 되며 거기서는 성서나 기독교 예배를 전혀 드릴 수 없기 때문이다.
4) 우리의 가르침이 역동적인 것처럼 학생들 사이에서 그리스도인의 삶을 산다.
5) 만약 초국가주의 정부가 기독 교육과 활동을 금할 때에는 우리들의 양심을 따라 용감하게 이에 거역한다.[12]

---

12 박용규, 앞의 책, 714에서 재인용.

그러나 감리교 지도부의 이 같은 움직임은 감리교계 전체의 지지를 얻은 것은 아니었다. 감리교도들 가운데서도 교단의 결정과는 달리 신사참배에 반대함으로써 고난을 겪은 이들이 적지 않았다. 그러자 1938년 9월 3일, 양주삼 총리사는 신사참배는 교리에 어긋나지 않는다는 통고문을 내어 교단 안의 반대 여론을 잠재우려고 했다. 그리고 제3회 총회 기간인 1938년 10월 7일에 양주삼 총리사를 비롯한 총대 전원이 남산의 조선신궁을 방문해 궁성요배와 황국신민서사를 제창한 후 조선신궁을 참배했다. 이로써 감리교는 개신교 교단들 가운데서는 제일 먼저 신사참배를 수용한 교단이 되었다.

한편 천주교는 처음에는 신사참배를 우상숭배로 받아들였다. 1917년 일본 나가사끼 교구의 천주교 학생들은 신사참배를 미신으로 규정하고 거부하다가 정부로부터 탄압을 받았다. 당시 일본정부 당국은 신사참배를 단순한 '애국적 국민의례'라고 해명하였으나, 일본 천주교회에서는 신사참배가 명백히 종교적 성격을 갖는다는 이유로 이를 거부한 것이다. 이에 따라서 한국 천주 교회 역시 1925년「교리 교수 지침서」를 발간하여 신사참배는 이단이므로 금지한다고 선언하였다. 한국 천주교는 이미 조상제사 문제와 연관하여 다섯 번의 극심한 박해(신해박해, 신유박해, 기해박해, 병오박해, 병인박해)를 받은 경험이 있었기 때문에, 신사참배 문제는 심각한 도전이 아닐 수 없었다.

그러나 1932년, 일본 천주 교회 주교들은 일본 문부대신이 '신사참배는 애국심과 충성의 표현일 뿐'이라고 말한 답변을 받아들여 결국 신사참배를 허락하였다. 그러자 로마 교황청에서도 1936년 5월 25일 '신사참배는 종교적 행사가 아니고 애국적 행사이므로 그 참배를 허용한다.'라는 신사참배에 대한 교황청의 훈령(Pluries Instanterque)을 내렸다. 이 결정은 다분히 정치적인 고려에 의한 것이었다.

그 당시 바티칸 교황청은 이탈리아 정부와 우호적 관계에 있었다. 교황청은 1929년 이탈리아 파시즘의 우두머리인 무솔리니와 라테란 조약을 맺어 이탈리아 왕국을 공인해 주었고, 무솔리니는 교황청의 영토를 인정하고 배상금을 지불해 주었다. 그뿐 아니라 교황청은 일본과도 일찍부터 관계를 맺어 1919년 도쿄에 교황청 대사관을 설립하고 초대 교황 사절로 푸마소니 비온디 대주교를 파견했다. 그리고 교황청은 1934년 일본의 괴뢰 정권인 만주국을 승인하였다. 또 1937년 7월 중일전쟁이 발발하자, 교황 비오 10세는 공산주의 세력의 침입을 막고 만주 중국 조선의 가톨릭을 보호하기 위해 마렐라 대주교를 통해 국방 헌금을 일본 외무성에 보냈다. 또 10월에는 반공정신의 입장에서 중국에 대한 일본의 행동, 즉 중일전쟁에 적극 협력하도록 극동의 모든 교회에 지시하였다. 또 교황청은 1942년까지는 3국 동맹을 맺고 있던 독일, 이탈리아, 일본 3국과만 외교관계를 맺고 연합국 가운데는 어떤 국가와도 외교관계를 맺지 않고 있었다. 따라서 교황청의 이 결정에는 일본과의 관계를 고려한 정치적인 고려가 들어간 것임이 분명했다.

이렇게 교황의 훈령이 내려지자 일본 주재 교황 사절 마렐라 대주교는 한국 천주 교회에 '국체명징에 관한 감상'이라는 통첩을 내리고 신사참배를 권고하였다. 이에 따라 한국 천주 교회는 1936년 6월 12일 '전선(全鮮) 5교구 연례 주교회의'를 통해 신사참배를 공식적으로 수용하였을 뿐 아니라, 그와 함께 그동안 조상숭배라고 금지해 왔던 제사도 과감하게 수용하였다. 여기에는 과거 박해를 통해 고통을 받았던 것을 거울삼아 천주교를 정부의 박해로부터 온전히 보전하려는 의도도 들어 있었다. 그 결과 한국 천주교는 일본 강점기 동안 개신교와 같은 박해를 받지 않고 비교적 온전하게 유지될 수 있었다.[13]

교황청의 이러한 결정은 그 이후까지도 영향을 미쳤다. 일본이 제2차 세계대전에서 패전하고 공식적으로 종교와 국가가 분리된 후, 1951년 일본 천주교에서는 바티칸에 두 번째로 신사참배에 대한 지침을 요청하였다. 이때도 교황청은 신사참배는 종교가 아니라 국민의례라는 동일한 답변을 주었다. 뿐만 아니다. 전후(戰後)에 일본을 점령한 연합군최고사령부(GHQ)가 1945년 야스쿠니신사를 불태워버리고 개 경주장을 건설할 계획을 세운 적이 있었다. 찬반양론이 대립하자, 연합군최고사령부는 브루노 비테르(Bruno Bitter) 신부와 패트릭 번 신부에게 의견을 구하게 되었다. 이때 이 두 신부는 "어떤 국가라도, 그 국가를 위해 죽은 전사(戰士)에 대해서, 경의를 표할 권리와 의무가 있다."라고 함으로써 야스쿠니신사가 존속하는 데 결정적인 영향을 주었다. 또 1980년에는 혼덴지의 주지승이 교황 요한 바오로 2세에게 A, B, C급 전범들 1,618명을 위해 미사를 열어 달라고 말했고, 교황은 이에 답하여 성 베드로 대성당에서 미사를 열어 그들을 추모하는 일도 있었다.

---

13 한상봉, 왜 한국 교회는 신사참배에 나섰는가?, 가톨릭뉴스 지금여기.
    http://www.catholicnews.co.kr/news/articleView.html?idxno=666
    그러나 이와 같은 결정에도 불구하고 천주교에서도 신사참배 문제에 대해 양심을 지키다가 수난을 당한 신부가 35명이나 되었다고 한다.

3. 그날

일본은 1931년 만주사변 이후 중국과의 긴장을 높여 가다가 결국 1937년 중일전쟁을 일으키게 된다. 이 사건을 전후로 일본은 군국주의를 더욱 강화하고 조선에 대한 통제를 더욱 강화하였다.

1936년 8월, 관동군사령관 출신의 미나미 지로가 제7대 조선 총독으로 부임하였다. 그는 역대 총독들 가운데서도 가장 악랄한 방법으로 한국인들을 압제하였기에 '조선의 히틀러'라고 불리게 된 인물이었다.

그는 취임 일성으로 "모든 한국인을 천황의 신민으로 만들겠다."라고 선언하였다. 이 말은 아예 한국인이란 생각을 머리에서 지우겠다는 의미였다. 이에 따라 "일본과 조선의 조상이 같다.", "일본과 조선은 한몸이다."라는 구호를 앞세워 이와 관련된 일련의 정책들을 도입하는데, 1937년 10월 천황에게 충성한다는 '황국신민서사' 강요, 1938년 2월 육군 지원병 제도 도입, 1938년 3월 조선어 사용 금지, 1939년 7월 국민 징용령 시행, 1939년 11월 일본식 창씨 개명 강요, 1943년 5월 해군 지원병 제도 실시, 1943년 8월 징병령 포고 등 일련의 식민지 정책을 지속적으로 펼쳐 나갔다.

이러한 일련의 황국신민화 정책 가운데는 신사참배와 같은 종교성을 띤 정책도 포함되었다.

1936년 8월에 이미 일제는 매달 6일을 애국일로 지정하고 국기(일

장기) 게양, 국가 봉창, 조서 봉독, 궁성요배, 신사참배를 강요했다.[14]
이에 따라 조선신궁의 참배자 수도 급증하였다.

연차	참배자 수	일본인	조선인	기타	일일 평균
1930년	386,807	319,636	63,900	3,271	1,059
1935년	937,588	709,741	225,488	2,359	2,569
1936년	1,173,853	829,314	340,909	3,630	3,207
1940년	2,158,861	2,152,459		6,402	5,915
1942년	2,648,365	2,646,565		1,800	7,256

조선신궁 참배자 수[15]

그리고 전 국민이 신사참배할 수 있도록 조선신사 제도를 개정하여
'1면 1신사 정책'을 수립하였다. 각 면 단위까지 신사를 만들어 전 국민
의 신사참배를 생활화하고자 한 것이다. 그래서 신사 수는 1936년 524
개, 1939년 530개, 1943년 854개 그리고 1945년 1,141개로 늘었다.

다음 도표는 1945년 6월 말에 조선에 세워진 신사의 종류와 숫자를
보여 준다.

---

14 궁성요배란 천황이 살고 있는 도쿄의 황궁을 향해 허리 숙여 절하는 것으로서, 타이완에서는
    황성요배(중국어: 皇城遙拜), 조선에서는 황거요배(한국 한자: 皇居遙拜), 만주국에서는 동
    방요배(중국어: 東方遙拜)라고도 했다.
15 한석희, 앞의 글, 63.

조선의 신궁(神宮), 신사(神社), 신사(神祠)[16]

도	부읍면 수	신사(神社) 신사(神祠) 총수	관폐 사	국폐 사	도공 진사	부공 진사	읍공 진사	기타 신사 (神社)	신사 (神祠)
총 수	2,346	1,141	2	8	9	7	14	39	1,062
경 기 도	234	162	1	1	1	1	1	2	155
충청북도	106	74	–	–	1	–	1	1	71
충청남도	173	39	1	–	1	–	4	3	30
전라북도	177	34	–	1	–	1	3	6	23
전라남도	254	255	–	1	–	1	1	7	245
경상북도	252	68	–	1	2	–	–	3	62
경상남도	242	47	–	1	1	–	2	2	41
황 해 도	211	185	–	–	1	1	–	1	182
평안남도	141	34	–	1	–	–	–	1	32
평안북도	172	139	–	–	1	1	–	3	134
강 원 도	174	46	–	1	–	–	–	3	42
함경남도	132	26	–	1	–	1	–	4	20
함경북도	78	32	–	–	1	1	2	3	25

조선의 신사들도 1871년부터 시행된 사격(社格)제도에 따라 등급이 매겨졌다. 조선신궁은 관폐대사이자 칙제사로, 일본의 근대 사격제도 안에서는 최고 수준으로 대우받았다(자세한 사격제도에 대해서는 2장 2절 국가 신도 부분 참조할 것). 식민지 조선에서 관폐대사는 조선신궁 하나, 국폐소사는 8곳이 있었다. 관국폐사 이하로는 조선총독부가 따로 도공진사(道供進社)·부공진사(府供進社)·읍공진사(邑供進社)를 지정하

---

16 한석희, 앞의 글, 64.

여, 각 도/부/읍이 공금으로 신사의 유지비를 지원하도록 했다.[17]

　　그러나 이것만으로는 부족하다고 느껴 학교, 파출소, 주재소 등 각급 관공서에까지 가미다나를 설치하도록 하였고, 각 가정에도 가미다나를 설치하고 참배하도록 했다. 가미다나란 사무실 등에서 신(가미)를 모시기 위해 설치한 신단 혹은 일종의 소형 신사(神社)로서, 비교적 쉽게 이동할 수 있기에 이동용 신사(portable shinto shrine)라고도 할 수 있다.

　　이 가미다나에는 일본의 천조대신을 모신 이세신궁에서 매년 전국에 배포하는 신궁대마(神宮大麻: 일종의 부적과 같은 것)를 넣어 두었다. 일반적으로 가미다나는 천정 근처에 남쪽이나 동쪽을 바라보도록 높이 설치하고, 선반은 거울, 등, 장식 술병 등 신구라고 불리는 여러 가지 도구로 장식하였다.

　　이렇게 각 가정에까지 가미다나를 설치하여 참배하게 한 것은 이 가마나다를 통해 천황을 숭배하게 함으로써 국가의 충실한 황국신민을 양성하기 위함이었다.

17　이처럼 신사는 황국신민화 정책의 도구로 사용되었기에 비기독교인들 가운데서도 신사에 대한 한국민들의 적개심이 상당했다. 이 때문에 우리나라가 해방된 직후 많은 신사가 한국인에 의해 파괴되거나 불타기도 했다. 이 일은 대부분 해방된 날인 8월 15, 16일에 이루어졌고, 해방 후 8일 동안 무려 136건의 신사 파괴가 이루어졌다.

신궁대마(출처: 민족문제연구소)　　　　　가미다나(출처: www.amazon.co.jp)

일본 정부는 이런 정책을 추진하는 한편, 이런 정책에 가장 장애가 되는 기독교 회유에 착수하였다. 1938년 2월에 총독부 경무국은 '기독교에 대한 지도 대책'을 마련하고 기독교계 기관들에 대해 신사참배에 협조하도록 강요하는 한편, YMCA나 YWCA와 같은 기독교 기관들을 통폐합하거나 국제기구와의 관계를 단절하도록 종용하였다. 또 조선주일학교연합회는 세계주일학교연합회에서 탈퇴하고 일본주일학교연합회에 가입하도록 만들었다. 그와 더불어 1937년 6월부터 1938년 3월에 걸쳐 안창호 계열에 대한 탄압으로 수양동우회 사건을 일으켜 180여 명의 지식인을 검거했다. 이어서 1938년에는 이승만 계열에 대해서 흥업구락부 사건을 일으켜 관련 인사들을 대대적으로 검거했다.

이렇게 기독교계의 외곽 세력을 무력화시킨 후, 일제는 드디어 신사참배에 마지막 장애물이었던 장로교를 공격하기 시작했다. 이미 천주교와 감리교, 성결교, 안식교, 성공회, 구세군을 비롯한 대부분의 기독교교단이 신사참배를 수용하고 있었으나, 아직 장로교는 그때까지 신사참배를 수용하지 않고 있었기 때문이다. 일본 당국은 이 일을 치밀한 계획 속에서 용의주도하게 추진하였다. 그들은 먼저 1938년 9월에 예정된 장로교 총회 이전에 먼저 각 노회를 공격하였다.

당시 일본 경찰은 어느 노회에 와서 이렇게 말했다고 한다.

> "당신들은 이미 성부, 성자, 성령 세 하나님을 섬기고 있지 않으냐? 우리가 당신들에게 요구하는 전부는 거기다 네 번째로 천황을 추가하라는 것뿐이다. 왜 이 작은 일에 방해를 하느냐?" [18]

일제는 이런 식으로 각 노회를 회유 협박하여, 제일 먼저 평북노회의 결의를 이끌어 내었다. 1938년 2월 3일부터 선천읍남예배당에서 열린 제53회 평북노회에서는 신사참배는 종교 행위가 아니라 국가의례라는 결의를 하였다. 전국에서 가장 큰 교세를 가졌던 평북노회가 굴복하자, 뒤이어 총회 산하 전국 23개 노회 중 17개 노회가 신사참배를 결의하게 되었다. 4월 22일에는 전북의 200개 교회가 참배를 수용했고, 4월 29일에는 전남의 60개 교회와 순천노회가 굴복했다. 결국 6월 초가 되자 전남노회, 전북노회, 청주, 경성, 평북노회는 신사참배를 허용했고, 평양과 안주와 황해노회, 경남노회, 경북노회는 동방요배, 황국신민서사, 국기 경례를 허용했다.[19] 의주에서는 참배 반대 목사들이 투옥되거나 교회에서 추방되었다. 6개 노회를 제외한 모든 노회가 신사참배를 결정하자 총회의 대세는 신사참배 쪽으로 급격히 기울어지게 되

---

18 박용규, 앞의 책, 722에서 재인용.
19 옥성득, "신사참배로 가는 길," 『기독교 사상』, 2019년 11월호.

었다.

그리고 1938년 여름부터는 경찰이 개별 교회에 대해서도 "천황이 높으냐 하나님이 높으냐? 신사참배는 종교의식이냐 국가의식이냐? 국가 지상(至上)이냐 종교 지상이냐?"라는 양자선택형 질문서를 보내 그 대답 여하에 따라 집회를 해산시키겠다고 위협하였다. 실제로 이 요구에 불응하거나 만족스러운 답을 하지 않은 사람들은 가차 없이 검속 투옥하였다. 이렇게 투옥된 사람의 수는 무려 2,000명을 넘었다.

일본 경찰은 이에 만족하지 않고 장로교 총회 개최 2주 전에 평남 경찰국장은 도경으로 선교사들을 불러 총회가 신사참배를 가결하는 일에 간섭하지 않도록 할 것과 저지 행동을 할 경우에는 불경죄로 체포할 것이라고 경고하였다. 그리고 각 지방 경찰서는 전국 23개 노회의 총대들에게는 "총회에 출석하면 신사참배가 죄가 아니라는 것을 동의하거나, 아니면 신사참배 문제가 상정되면 침묵을 지키고 있든가, 그 어느 것에도 찬성할 수 없다면 총대 사퇴하고 출석하지 말 것" 등 세 가지 가운데 하나를 선택하라고 강요하였다. 그리고 신사참배를 적극적으로 반대하는 주기철, 이기선, 김선두 목사에 대해서는 신사참배 결정에 차질이 없도록 사전에 검속하여 총회에 참석하지 못하도록 만들었다.

뿐만 아니라 1938년 장로교 총회가 열리기 2주 전인 8월 24일에는 평양노회에 압력을 가하여 대표자, 목사, 장로 59명이 신사참배를 결의하도록 하였다. 이들은 평양경찰서에서 모인 간담회에서 신사참배는 기독교 교리에 배치되지 않으므로 적극 참여하겠다는 선언서를 도내 30만 장로교 신도들에게 발송하였고, 25일에는 대표 21명이 평양신사에 참배하였다.

일본 경찰이 1938년 9월 장로교 총회에서 신사참배를 통과시키기 위해 이처럼 심혈을 기울인 것은, 장로교가 신사참배를 반대하는 마지막 보루였을 뿐 아니라 장로교가 당시 한국 기독교 신자의 4분의 3을 차지할 정도로 큰 교세를 가졌기 때문이었다.

참고로 여기에서 당시 각 교단별 교인 수에 대해 살펴보자.[20]

교단\연도	장로교	감리교	성결교	성공회	안식교	구세군	합계
1931	197,539	45,142	5,626	6,448	4,202	4,173	263,130
1934	248,812	52,674	9,004	5,516	5,018	4,527	325,551
1937	287,082	54,574	13,078	7,963	4,802	6,586	374,085
1939	286,268	53,002	11,135	8,016	5,984	6,057	370,462
1941	256,575	50,286	9,165	7,535	4,510	4,536	332,607
1943	160,717	31,914	약 5,000	5,923	약 3,000	2,204	208,758

이 표에서 보는 것처럼, 장로교의 교세가 압도적이었기 때문에 장로교를 굴복시켜야 진정으로 기독교를 굴복시키고 한국민들을 자신들이 원하는 방향대로 이끌고 갈 수 있었다. 그때문에 일본 정부는 장로교를 굴복시키기 위해 많은 노력을 기울였고 치밀한 사전준비를 한 것이다.

물론 이런 가운데서도 신사참배 결의를 막고자 하는 노력이 없었던 것은 아니었다. 장로교 증경총회장이자 봉천신학교 교수였던 김선두 목사는 합법적으로 이런 문제를 해결하기 위해 김두영, 윤필성, 박형룡

---

20   손정목, "조선총독부의 신사보급, 신사참배 강요정책 연구", 김승태, 『한국 기독교와 신사참배 문제』, (서울: 한국기독교역사연구소, 1991), 302에서 재인용.

등과 함께 1938년 8월 24일에 일본 도쿄로 건너갔다. 이들은 박영출 목사의 안내로 일본 정우회 부회장 외무부장 중의원 의원 마츠야마(松山常次郎, 교회 장로)와 정계와 군부의 원로 히비키(日疋信亮) 장군(교회 장로)[21], 조선총독부 초대 학무국장 출신으로 당시 궁내대신차관 겸 조선협회 이사장이던 세키야 등을 방문하여 한국 교회의 수난상을 알리고 도움을 청했다. 이를 들은 이들 3인은 미나미(南次郎) 총독과의 면담을 통하여 신사참배 강요 철폐를 건의하기로 약속하였다.

이들은 9월 1일에 서울로 와서 한국 교회의 지도자들과 선교사들과의 만남을 통해 실상을 들은 후 미나미 총독을 만나게 되었다. 9월 4일에 일본 정부 요인이었던 이들 3인과 미나미 총독, 오노 정무총감 등의 5인 회담이 열렸다. 이 자리에서 미나미 총독은 9월 9일 평양에서 열릴 예정인 제27회 장로교 총회에 신사참배를 결의시키도록 경찰에 행정명령을 내린 것이 지나친 것임을 인정하면서도 그것의 철회는 거부하였다. 이 회담에서 성과를 얻을 수 없었던 히비키 장군 일행은 할 수 없이 한국 대표들에게 차선책을 제시하였다. 그것은 평양총회에서 신사참배를 부결하도록 하는 것이었다. 신사참배가 부결될 때 총대 전원은 검속될 것이고, 검속되면 이 문제는 조선 통치에 큰 차질을 가져오는 중대 문제가 되어 일본 중앙정부에서 개입하게 될 때 자신들이 바른 해결을 짓도록 하겠다는 것이었다. 그리고 검속된 총대들은 10일 이내에 전원 석방을 보장할 터이니 평양으로 가서 총대들을 설득하라는 것이었다.

이에 김선두 목사는 평양으로 향했지만, 조선인 목사 모씨의 밀고로

---

21   히비키 장군은 일본 육군의 원로이자 교회 장로로서, 일본 동서전도회 회장직을 맡고 있었다. 그는 3·1 운동 직후 자기 교회 담임목사와 함께 일본 수상에게 한국 기독교에 대한 선처와 조선총독의 경질을 강력히 요구한 바 있는 인사였다.

개성에서 대기하고 있던 경찰에게 체포되어 개성경찰서에 구금되었다. 김두영이 단신 평양에 도착하였으나 이미 총회장이 경관에게 포위되어 있는 바람에 들어가지 못하게 되었다.[22] 만일 이 계획이 모든 총대에게 공지되고 모든 총대가 검속될 것을 각오하고 뜻을 같이하여 부결시켰다면 어떻게 되었을까 하는 아쉬움이 남는다.

이와 같은 분위기 속에서 드디어 1938년 9월 9일 오후 8시, 역사적인 제27회 조선 장로교 총회가 평양 서문외 예배당에서 개회되었다. 평양 서문외교회 본당에 전국 27개 노회(만주지역의 4개 노회 포함)에서 온 목사 86명과 장로 85명 그리고 선교사 22명 등 193명의 조선예수교 장로회 총대들이 모였다. 본격적인 회무를 시작하기 하루 전날 저녁에 개회 예배를 시작으로 총회가 개회되었다. 이 총회는 중요한 결정을 앞두고 있었기 때문에 시작 전부터 긴장감이 높았으며 살벌한 분위기 속에서 진행되었다. 총대들 사이에선 "이번 총회를 넘기긴 어려울 것 같다." "신사참배 결의를 할 수도 있다."라는 우려가 가득했으나, "드디어 결의하게 됐다."라며 반색하는 이들도 일부 있었다고 한다.[23]

개회 당시 총회장은 이문주 목사(경북노회·대구남산교회)였다. 첫날 저녁 8시에 임원을 선출하니 총회장으로 평북노회 홍택기 목사가 선출됐다. 총회 첫날이 지나고 드디어 운명의 날 9월 10일이 되었다. 그리고 이날 오전 역사적인 신사참배 결의안이 일경들의 삼엄한 감시 속에

---

22 한석희, 앞의 글, 83-84.
23 『국민일보』, "신사참배 80년, 이젠 회개다", 2018. 8. 9.

서 통과되었다. 김양선 목사는 그때의 광경을 다음과 같이 서술하였다.

"다음날 오전 9시 30분, 총회가 재개되었을 때에 교회당 내외에는 수백 명의 사복 경관으로 완전 포위되었고 강대 아래 전면에는 평남 경찰부장을 위시하여 고위 경관 수십 명이 긴 검을 번쩍이면서 기라성같이 자리를 잡고 앉았고 총대들의 좌우에는 그 지방 경찰관 2명씩이 끼어 앉았고 실내 후면과 좌우에는 무술 경관 100여 명이 눈을 부라리고 서 있었다. 그 살벌한 분위기는 마치 전쟁터를 방불케 하였다.

주기철 목사, 이기선 목사, 김선두 목사 등 신사참배를 적극 반대하는 유력한 교회 지도자들은 사전에 모두 구금되었고 저들의 압력에 어쩔 수 없이 끌려온 27노회(만주 4노회 포함) 대표 목사 88명, 장로 88명, 선교사 30명 합계 206명이 넋을 잃고 앉아 있을 때에 10시 50분 이미 조작된 각본대로 평양·평서·안주 3노회 연합대표 평양노회장 박응률 목사의 신사참배의 결의 및 성명서 발표의 긴급제안이 있었고 박임현 목사와 길인섭 목사의 동의와 재청이 있었다. 총회장 홍택기 목사는 전신을 떨면서 '이 안건이 가하면 예라고 대답하십시오.'라고 물었다. 이때에 제안자와 동의·재청자의 10명 미만이 떨리는 목소리로 '예'라고 대답했고 그들 외의 전원은 침묵을 지켰다. 그 침묵은 신사참배의 부당성을 표시하는 것으로밖에 보이지 않았으므로 수백 경관들은 일제히 일어서서 일대 위협을 표시했다. 당황한 총회장은 '부'를 묻지 않고 그냥 만장일치의 가결을 선언하였다.

이때에 이런 사태가 있을 것을 예상한 선교회는 약속해 두었던 대로 방위량 선교사를 선두로 2, 3명의 선교사가 회장의 불법 선포에 항의하는 한편 신사참배의 부당성을 주장하려고 했으나 경찰관의 강력한 제지로 발언이 막히자 선교사 30명 전원은 차례로 기립하여 '불법이오!' '항의합니다!'라고 외쳤다. 봉천노회 소속 헌트(B. F. Hunt, 韓富善) 선교사는 무술 경관의 제지를 뿌리치고 불법에 대한 항의를 외치다가 그들에게 붙들려 옥외로 축출당하기까지 하였다.

이러한 소란 속에 총회 서기는 성명서를 낭독하였고 평양 기독교 친목회 회원 심익현 목사는 총회원 신사참배 즉시 실행을 특청하였다. 동일 12시에 부회장 김길창 목사의 안내로 전국 노회장 23명이 총회를 대표하여 평양신사에 참배함으로써 장로 교회마저 그들의 불법 강요에 굴하고 말았다." [24]

이날 안건은 긴급 동의안 형식으로 올라왔지만 그러나 총회가 성명서까지 미리 준비한 것으로 볼 때, 이 모든 것은 일제에 의해 잘 짜인 각본대로 움직여진 것이었음이 틀림없다. 평양노회장 박응률 목사가 평양·평서·안주노회 35명 노회원을 대표해 신사참배에 찬성한다는 '긴급 동의안'을 제출했다. 사전에 약속된 대로 평서노회장 박임현 목사가 동의하고 안주노회장 길인섭 목사가 재청했다. 긴장된 분위기 속에서 잠시 침묵이 흐른 뒤 홍택기 총회장이 "'가'(可) 하면 '예' 하시오!"라고 물었다. 그러자 10여 명만이 '예'라고 대답했다. 다수가 침묵하자 경찰들이 일어나 위협적인 태도를 보였고, 이에 당황한 총회장 홍택기는 통상 회의 규칙인 거부 의사를 물어보는 과정을 생략한 채, 의사봉을 두드리면서 결의가 만장일치로 통과되었음을 선언하였다. 그러자 '부(否)하면 아니오 하시오!'란 사회자의 말을 기다리고 있던 방위량(W. N. Blair)와 브루스 헌트(Bruce F. Hunt)를 비롯한 몇몇 선교사가 일어나 '불법이오!' '항의합니다!'를 외쳤지만, 일본 경찰에 의해 끌려 나가고

---

24 박용규, 앞의 책, 723에서 재인용.

말았다.

이날 신사참배 결의가 이루어지자 전북 김제 출신 서기 곽진근 목사
가 다음과 같은 조선예수교장로회총회장 명의의 성명서를 발표하였다.

아등(我等)은 신사는 종교가 아니오 기독교의 교리에 위반하지 않는 본의(本
意)를 이해하고 신사참배가 애국적 국가의식임을 자각하며, 또 이에 신사참
배를 솔선 여행(勵行)하고 추(追)히 국민정신총도원에 참가하여 비상시국 하
에서 총후(銃後) 황국신민으로서 적성(赤誠)을 다하기로 기(期)함.

소화 13(1938)년 9월 10일
조선예수교장로회총회장 홍택기(洪澤麒)[25]

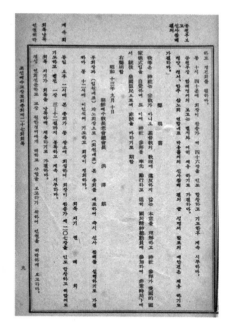

1938년 27회 총회회의록

---

25   조선예수교장로회 총회 제29회 회의록, 9.

이 결의가 이루어진 후, 두 가지 상반된 반응이 일어났다. 신사참배 결의에 반대하는 선교사들은 오후 1시에 모여 "신사참배 가결은 하나님의 말씀의 위반이요 장로교 헌법과 규칙을 위반함이요 일본 국법인 종교자유헌장에 위반이요, 이번 처사는 보통 회의법의 위반이다!"라며 총회에 항의서를 제출할 것을 결의하였고, 9월 12일에는 권찬영을 비롯한 25명이 "총회의 결의는 하나님의 계율과 조선예수교장로회 헌법에 위반될 뿐 아니라 우리들에게 발언을 허하지 않고 강제로 회의를 진행한 것은 일본 헌법이 부여한 신교 자유의 정신에도 어긋난다."라며 항의서를 제출했다. 그러나 이미 대세가 기울어진 상황인데다 형식상 결의마저 통과됨으로써 메아리없는 소리로 끝나고 말았다.[26]

반면 선교사들 가운데도 신사참배 결의에 찬성한 사람들도 있었다. 연희전문학교 교장 언드우드 박사는 제27회 총회에서 신사참배가 결의되자 평양 경찰부장에게 악수를 청하면서 그 결의에 축의를 표하였고, 연희사업보고 석상에서는 '신사참배는 별로 문제될 것이 없고, 오늘 총회가 신사참배를 결의한 것은 정당한 일'이라고 발언하였다.

또 신사참배를 주도한 쪽에서는 이날 결의 이후, 평양기독교 친목회 회원인 심익현 목사의 제안으로 당일 정오에 평양신사를 참배하였다. 여기에는 임원대표로 부총회장 김길창 목사(경남노회)가 그리고 회원대표로는 23개 노회장이 참여하였다. 그리고 총회는 신사참배 결의안을 조선총독, 총감, 경무국장, 학무국장, 조선군사령관, 총리대신, 척무대신, 제 각하에게 전보로 발송하기로 가결하였다. 이것은 마치 이 기쁜

---

26 박용규, 앞의 책, 724.

소식을 한시라도 더 빨리 윗분들에게 알려드려야겠다는 듯한 태도여서 더욱 더 씁쓸함을 느끼게 한다.

이렇게 마지막 보루였을 뿐 아니라 최대 교세를 가지고 있던 장로교마저 일제의 강요에 굴복하고 말았다. 신사참배를 결의한 이날은 한국 교회사에 너무나도 수치스러운 날이다. 한국 교회사에서 교단 분열이나 부정부패, 이단의 발흥과 같은 다른 여러 가지 좋지 않은 일도 있었다. 그러나 그것들은 각 개인의 문제이거나 교리상의 문제, 또는 집단들 간의 이해 다툼에서 비롯된 것들이었다. 그러나 신사참배는 총회가 공식적으로 배도를 결정한 것으로서, 다른 문제들과는 차원을 달리한다. 더구나 이것은 기독교에서 가장 중요한 계명인, 하나님 외에 다른 신을 두지 말며, 거기에 절하지도 말라는 제1계명과 2계명을 모두 어긴 것이었다. 그것도 교단이 앞장서서 공식적으로 이를 결정한 것이다. 그러므로 우리나라가 일본에 의해 국권을 빼앗기고 강제로 합방된 1910년 8월 29일을 국치일(國恥日)이라고 한다면, 이날은 일제의 압력을 받아 한국 교회가 역사상 가장 부끄러운 결정을 한 교치일(敎恥日)이라고 말할 수 있다.

게다가 이 결정은 이후에 이어진 여러 가지 배도 행위를 정당화시켜 주는 결정이 되어 더 큰 범죄들로 이어지게 만들었다. 일본 정부는 이 결정을 계기로 더 큰 배도 요구를 한국 교회에 서슴없이 강요할 수 있었고, 한국 교회는 신사참배가 우상숭배가 아니라 애국 행위라는 결정을 수용한 이상, 일제가 요구하는 모든 것을 그대로 수용할 수밖에 없게 되었다. 그리고 한국 교회의 최고 기관인 총회가 이런 결정을 함으로써 소속한 개 교회들의 목회자들과 성도들은 그 결정대로 따를 수밖

에 없었다. 교단의 지도자들이 앞장서서 저지른 이날의 범죄적 결정은
전 한국 교회를 크나큰 죄악의 길로 이끌고 말았다.

4장

신사참배의 배도와 그에 대한 징계

1. 신사참배의 배도

일본 정부는 천황숭배를 정당화하기 위해 국가 신도를 교파 신도와 구별함으로써 신사참배는 종교 행위가 아니라 국민의례라는 것을 강조하였다. 이것은 일제가 기독교인들을 포함한 모든 한국민들에게 신사참배를 강요한 명분이었고, 또한 한국의 기독교인들이 신사참배를 수용하게 된 명분이기도 하였다. 이 문제를 놓고 당시 한국의 목회자들뿐 아니라 한국에 파송되어 왔던 서양의 선교사들 사이에서도 의견 차이가 있었던 것처럼, 어쩌면 오늘날의 한국 목회자들 중에도 이 문제를 놓고 의견을 달리하는 사람들이 있을지 모른다. 예를 들면, 감신대 윤성범 교수같은 사람은 1967년에 발간된 『기독교와 한국 사상』이란 책에서 여전히 신사참배는 애국 의식이지 종교 의식이 아니라고 주장하고 있다.[1] 사실 국가 신도와 신사참배 속에 숨어 있는 본질을 잘 알지

---

1   윤성범, 『기독교와 한국 사상』, (서울: 대한기독교서회, 1967), 140.

못하는 상태에서는 이런 다양한 의견이 나올 수도 있다.

그러나 신사참배를 애국 의식이라고 생각하는 사람도 이 신사참배 결의 이후에 이루어진 수많은 배도를 보면, 이 신사참배가 얼마나 큰 죄인가 하는 것을 그 누구도 부인할 수 없을 것이다. 예수님께서는 그 열매로 그들을 알리라고 말씀하셨다(마 7:20). 신사참배 결의 이후에 이루어진 배도는 이 신사참배가 얼마나 무서운 죄인가를 분명하게 느낄 수 있게 해 준다.

그러므로 이제부터 신사참배 결의 이후에 얼마나 엄청난 배도가 저질러졌는지에 대해 살펴보기로 하자.

1) 제도적인 신사참배

1938년 9월 10일의 장로교 신사참배 결의는 기독교 신자들의 신사참배를 합법적으로 만들어 주었다. 이후 교회 지도자들은 물론 일반 성도들까지 이 결의에 따라 개인적 차원에서뿐 아니라 교회 행사 차원에서 신사참배를 시행하였다.

먼저 1938년 9월 10일 장로교 총회가 신사참배를 결의하자, 솔선수범하는 의미에서 부총회장 김길창 목사의 인도 하에 23개 노회장 전원이 평양신사에 가서 참배하게 된다.

이 사건은 신사참배의 상징적인 사건이기에 12일자 「조선일보」와 「매일신보」에 참배 사진이 실렸다.

당시 신문 기사

그리고 그해 10월 17일, 장로교는 일본의 총독까지 참석한 자리에서 3,000명이 모인 '시국 대응 기독교 장로회 대회'를 열어 황국신민의 서사를 제창하고 일본군을 파병할 때 부르는 "바다로 가면"(우미유카바, うみゆかば)을 연주하였으며 일본 국기를 앞세우고 시가를 행진하였다. 그리고 조선신궁에 참배한 뒤에는 남대문소학교에서 신도 대회까지 개최하였다. 이 자리에서 총독은 황국신민의 근본정신에 반대하는 종교는 절대로 허락하지 않을 것이라고 선언하였다.

또 장로교보다 앞서 신사참배를 결정한 감리 교회는 장로교 총회가 신사참배를 결정한 한 달 후인 1938년 10월 5일부터 13일까지 제3회 조선감리회 총회를 열었다. 이 자리에서 총리사인 양주삼 목사는 '일제가 요구하는 내선일체 운동에 우리 교회의 유력한 목사들과 평신도들이 서명날인하여 솔선수범하자'라는 내용의 설교를 했다. 그리고 총회 3일째인 10월 7일에는 배재중학교 운동장에서 양주삼 총리사의 사회로 '애국일' 행사를 치른 다음 광화문에 있는 총독부에 가서 총독의 훈시를 들었으며, 참석자 전원이 남산의 조선신궁을 방문해 궁성요배와 황국신민서사를 제창한 후 남산 조선신궁을 참배했다.

구세군에서도 1938년 7월 29일자로 토마스 윌슨 사령관이 각지 소대장들에게 '구세군률을 초월한 통첩'을 내어 국민정신 총동원 운동에 적극적으로 '매진할 것을 명령'하였다. 이에 덧붙여 구세군 서기관 황종률 중좌는 "지금까지 구세군에서도 국민정신 총동원에 참가 안 한 것은 아니었지만, 지방에서 아직 완고히 고집을 세우고 있는 곳이 더러 있었습니다. 그러나 이번에 최고 지령을 내렸으니까 이로써 1만 8천 명이 완전히 통일되어 지금까지 개인적으로 신사참배하던 것도 이제는 단체적으로 하게 되었습니다."라고 발언하고 있다.[2] 구세군도 제도적으로 신사참배를 실시했다는 의미이다.

결국 총회의 결의는 이와 같은 교단적 차원에서 신사참배를 정당화시키고 제도화시켰다. 이것도 모자라 1938년 12월 12일에는 한국 교계를 대표하는 각 교단의 지도자들이 일본에까지 건너가서 여러 곳의 신사를 참배하고 왔다. 한국 기독교를 대표하는 장로교 총회장 홍택기와 부총회장 김길창, 전임 감리교 통리사 양주삼과 현직 감리교 통리사 김종우, 성결교 이사장 이명직 등은 열흘의 일정으로 신사참배의 총본산인 이세신궁를 비롯하여 메이지신궁, 가시하라신궁, 아쓰다신궁, 야스쿠니신사 등 여러 개의 주요 신사들을 방문하여 참배한 것이다.[3] 이것은 곧 기독교가 일본의 신에게 절하는 것을 보여 주는 상징적인 사건이 되었다.

---

2   김승태, "일제 강점기의 오류와 한계," 『기독교 사상』 50(1), 2001. 1. 226.

3   이때 참배단에 함께 갔던 2대 감리교 통리사 김종우 목사는 일본에서 돌아온 후 '패혈증'에 걸려 고생하다가 결국 1939년 9월 17일 별세하였다. 김종우 목사는 원래 부흥사 출신의 존경받던 영성 운동가였다. 그가 2대 감리교 통리사로 선출될 때도 창문을 넘어온 비둘기가 그에게 내려옴으로써 성령의 계시로 인정받아 당선되었다는 말이 있을 정도였다. 많은 사람의 기대 가운데 감리교의 지도자가 된 그가 일본의 신사들을 참배하고 온 뒤 세상을 떠나자, 그의 죽음을 두고 "목사가 일본 귀신에게 절했으니 하나님 벌을 받은 거야." 하는 사람도 있었고 "일찍 돌아가신 것이 그나마 다행이지. 일제 말기 험한 꼴 당하지 않도록 하나님께서 데려 가신 게야." 하는 사람도 있었다고 한다. 이에 대해서는 이덕주, 한국 감리교회 역사에 나타난 영적 권위와 지도력 문제 2, http://www.newsnjoy.or.kr/news/articleView.html?idxno=27103 참조.

2) 신사참배를 반대한 사람들에 대한 교계의 탄압

장로교 총회가 신사참배를 결의하자, 그 결의안은 즉시 각 노회에 통보되었다. 그리고 총회 3달 후에는 총회장 명의의 공문을 전 교회에 하달하여, 신사참배를 반대하는 무리는 처벌해야 한다고 공고하였다. 이 공고에 따라 일부 교회는 신사참배를 반대하는 목회자들을 자기 교회 목사로 청빙하는 것을 반대하기도 했으며, 각 노회는 신사참배를 반대하는 목사들과 선교사들, 또 성도들을 제명하거나 노회원 자격을 박탈하였다.

평양노회(노회장 최지화)는 신사참배를 거부하다가 투옥된 주기철 목사에게 산정현교회의 목사직 사표를 강요하였다. 그것이 뜻대로 되지 않자 결국 임시노회를 소집하여 그를 강제로 면직시켰다. 또 이기선 목사를 제명하고, 한상동 목사에게는 압력을 가하여 사면하게 했다. 또 봉천노회는 한부선 선교사를 제명하였으며, 거창읍교회 목회자 주남선 목사는 신사참배 거부 운동을 전개하다가 경남노회로부터 담임목사직 해임 통보를 받았다. 이처럼 상당수 목회자가 신사참배를 거부하다가 면직 혹은 제명되거나 교회에서 추방되었다.

담임목사의 해임은 한 개인만이 아니라 곧 가족들의 고통으로 이어졌다. 경남노회가 주남선 목사에 대하여 거창읍교회 위임목사 해제 통보를 하자, 노회의 압력을 받은 교회 측은 그 가족에게 사택을 비워 달라고 통보했다. 이런 상황은 신사참배를 거부했다가 투옥된 주기철 목사 가족들에게는 더 가혹한 형태로 진행되었다. 노회는 주기철 목사를 면직시킨 후, 그의 가족을 사택에서 끌어냈고, 사택 문에 못을 박아 봉쇄했다. 이때 주기철 목사의 팔순 노모는 "죽어도 못나가겠다."라고 버티다가 다른 목사의 손에 끌려 나왔다고 한다.

이보다 더 통탄스러운 일은 신사참배를 거부하는 자들을 오히려 앞
장서서 고발하거나 고통을 준 목사들도 있었다는 사실이다. 재건교회
은기호 집사의 증언에 따르면, 신사참배를 거부하고 신앙의 지조를 지
키기 위해 북만주로 이주하자, 그 지역의 목사가 오히려 일본 경찰을
데리고 와서 '이 사람이 신사참배를 반대하는 자'라고 고발했다고 한다.

또 광주의 어느 큰 교회에서는 어떤 장로가 교회에서 시행하는 신사
참배와 궁성요배를 피하기 위해 예배가 시작된 지 30분 지나서 참석한
일이 있었다. 그러자 그 교회 담임목사는 그 장로를 일본 경찰에 고발
하였고, 결국 그 장로는 경찰서에 끌려가 극심한 고문을 당했다. 또 서
울에서 40년 동안 목회를 한 어느 교회 담임목사는 그 교회를 관할하는
왜경이 예배에 참석하지 않는 틈을 이용하여 주일예배를 신사참배 없
이 끝마쳤다. 궁성요배도 하지 않고 황국신민서사도 외우지 않은 채 예
배를 온전하게 진행하였다. 그러자 이것을 지켜본 다른 목사가 예배 직
후 관할 경찰서에 이를 고발했다. 그 담임목사는 그날 경찰 유치장에
갇혔고, 며칠 동안 구금되었다. 노회는 그 목사를 파직시키고 강제로
축출했다. 이것은 신사참배가 일제의 강압 때문에, 마지못해 억지로 한
것만은 아니었다는 것을 잘 보여 준다.[4]

3) 미소기하라이

그러나 무엇보다도 충격적인 것은 목사들이 서울의 한강과 부산의
송도 앞바다에서 일본 신도 중들이 행하던 신도의 세례(침례), '미소기
하라이'를 받았다는 사실이다. 미소기하라이란 신도 예식 가운데 신사

---

4   최덕성, "교회가 참회해야 할 열 가지 친일 행적", 『뉴스앤조이』, 2005. 9. 13.

참배 전에 자기 몸을 깨끗이 씻는 의식을 말한다. 요즘의 신사에서는 간략하게 신사 입구에 있는 손 씻는 곳에서 손과 입을 깨끗이 하는 것으로 대신하지만, 원래는 나체로 물 속에 들어가 몸을 깨끗이 씻는 것이다.

미나미 총독이 총재로 있던 '국민총력조선연맹'에서는 1941년 초에 '지도 위원회'를 열어 신도(神道)의 '미소기하라이'(禊祓)를 철저히 보급하여 "정신 운동의 근간으로" 삼기로 결정하였다. 그러자 '장로회 총회 연맹 이사장'은 각 노회 연맹장과 각 교회 애국반장 앞으로 공문을 보내어 미소기하라이를 시행하도록 하였다. 이에 따라 서울의 지도자들은 한강에서, 부산의 지도자들은 송도 앞바다에서 일본 천조대신의 이름으로 미소기하라이를 받았다.

또 정춘수 목사가 통리로 있던 감리교단 상임위원회도 1944년 4월에 상동교회 안에 황도문화관을 설치한 후 1944년 9월 26일에서 29일까지 황도문화관 개관 특별 행사를 갖고 기념 행사 기간 동안 매일 신도의 침례 의식인 '미소기하라이'를 실시하였다.

한강에서 목회자들이 신도침례를 받는 모습

세례가 어떤 의미가 있는가? 기독교의 세례를 받으면 예수님과 합하여 하나가 되는 것이다. 그렇다면 신도의 세례를 받는 것은 신도의 신과 합하여 하나가 되는 것이다. 또 불교와 신도에서도 계를 받는다는 것은 개종을 의미한다. 그런데도 하나님을 믿는 목사들이 이런 신도의 세례를 받은 것이다. 더구나 이 정화 의식의 명분이 천조대신의 이름으로 교회의 비국가적 옛 것을 씻는다는 것이었으니 이 얼마나 가증스러운 일인가? 그뿐 아니라 이 신도 세례는 "천조대신보다 더 높은 신은 없다."라고 고백한 사람에게 베풀어졌다고 하니 더 이상 이런 배도가 없을 것이다.

4) 천조대신이 높으냐 여호와 신이 높으냐?

우리 기독교는 여호와 하나님이 유일하신 참 하나님이라고 믿는다. 그래서 십계명 가운데 제1계명에 "나 외에는 다른 신들을 네게 두지 말라."고 하신 것이다. 그런데 신사참배의 사상적 배경인 신도에서는 팔백 만 신이라고 불릴 정도로 수많은 신을 인정한다. 신사는 이런 신들을 모시는 곳이며, 신사참배는 거기에 절하는 것이다. 그러므로 이것은 1계명 뿐 아니라 또한 "우상을 만들지도 말며 거기에 절하지도 말라."고 하신 제2계명마저 어기는 것이다. 그러니 이것만 해도 기독교는 신사참배를 절대 수용할 수 없는데, 일제는 그 이상을 계속 요구하였다.

1938년 여름부터는 경찰이 개별 교회에 대해서도 "천황이 높으냐 하나님이 높으냐? 신사참배는 종교 의식이냐 국가 의식이냐? 국가 지상(至上)이냐 종교 지상이냐?"라는 양자선택형 질문서를 보내 그 대답 여하에 따라 집회를 해산시키겠다고 위협하였다. 이에 따라 많은 교회에서 천황이 더 높다고 하는 문건에 서명하여 관청에 제출하기도 하였다. 또 앞에서 말한 것처럼, 미소기하라이는 "천조대신보다 더 높은 신은 없다."라고 고백한 사람에게 베풀어졌다.

여호와 하나님 외에는 다른 신이 없다고 믿는 기독교 교회와 목사들이 그리스도나 하나님보다 신도의 신인 천조대신이나 천황이 더 높은 신이라는 것을 고백한 것이다. 어떻게 보면 이것은 하나님도 섬기고 이방신도 섬겼던 저 사사기 시대의 죄악보다 더 큰 죄라고 할 수 있다.

5) 교회당 안에 가미다나 설치

1936년 8월에 이미 일제는 전 국민이 신사참배할 수 있도록 조선 신사 제도를 개정하여 '1면 1신사 정책'을 수립하였다. 각 면단위까지 신사를 만들어 전 국민의 신사참배를 생활화하고자 한 것이다. 그럼에도 불구하고 신사를 세울 수 없는 신사 사각지대들이 생겨났고 이를 보완하기 위해 소형 신사라고 할 수 있는 가미다나를 각 관공서나 학교, 파출소, 주재소 그리고 나중에는 각 가정에도 설치하도록 하였다.

그런데 문제는 이 가미다나를 하나님을 예배하는 교회당 안에도 설치하도록 한 것이다. 일제의 강요에 의해 교회당 안은 황국민서사, 황도 실천, 전도, 보국 등의 게시물들로 메우게 하였고, 교회당 안 동편에 가미다나를 설치하고 그것을 향하여 90도 절하고 예배하였다. 기독교인들은 예배가 시작되기 전 이들을 향해서 먼저 예를 갖춘 후에라야 하나님께 예배할 수 있었다.

과거 유다 말기에 이스라엘 백성들이 여호와 하나님을 섬겨야 할 성전 안에 여러 가지 우상을 세우고 거기에 예배하여 하나님을 진노하게 한 일이 있었다.

> 그(므낫세)의 아버지 히스기야가 헐어 버린 산당을 다시 세우며 바알들을 위
> 하여 제단을 쌓으며 아세라 목상을 만들며 하늘의 모든 일월성신을 경배하
> 여 섬기며 여호와께서 전에 이르시기를 내가 내 이름을 예루살렘에 영원히
> 두리라 하신 여호와의 전에 (우상의) 제단들을 쌓고 … 여호와를 진노하게 하
> 였으며(대하 33:3-6)

그런데 이와 비슷한 일이 벌어진 것이다. 물론 교회당과 성전을 문
자 그대로 동일시할 수는 없지만, 그러나 교회당이 하나님을 예배하는
거룩한 곳이라는 점에서는 성전과 그 의미를 같이한다. 그런데도 이 하
나님을 예배하는 자리에 일본 신들을 모신 가미다나를 설치하고 예배
한 것이다. 이것은 이스라엘 백성들이 성전 안에 우상을 갖다 놓고 숭
배한 것과 다를 바 없다.

6) 혼합적인 예배

일제는 각 교회에게 가미다나를 교회당 안에 설치하도록 한 것도 모
자라 예배 순서마저 신도 의식을 포함하도록 변경하였다. 이 일은 총회
가 먼저 앞장섰다. 1938년 27회 총회 때 신사참배를 결의했던 장로교
총회는 이듬해인 1939년 9월 8일 신의주 제2교회에서 28회 총회를 개
회하게 되었을 때, 예배보다는 국민의례를 먼저 실시하는 것으로 진행
되었다. 먼저 일본 천황이 있는 동쪽을 향해 90도 허리를 숙여 '궁성요
배'를 실시하고, 기미가요와 '황국신민서사'를 제창한 뒤에야 찬송가를
부르고 설교가 이루어졌다. 설교 후에는 일본군 장병과 동양 평화를 위

한 묵도도 이어졌다.

이것은 감리교단도 마찬가지였다. 감리교도 1939년 5월 3일부터 정동제일 예배당에서 열린 감리교회 제7회 합동연회에서 개회에 앞서 총리사와 각 지방 감리사 일동이 먼저 조선신궁에 참배하였다. 그리고 개회식에서는 국기 게양, 황국신민서사 제송, 궁성요배, 전몰 상이 장병 유족을 위한 묵도 등으로 이어지는 '국민의례'를 실시하였다. 감리교회는 이듬해인 1940년 2월 11일 이른바 '기원절'에도 전 교회가 '국민의례'가 포함된 "애국 기념주일예배"를 드리도록 성경 본문과 설교 주제까지 정한 순서를 회보에 게재하였다. 이러한 '국민의례'는 처음에는 특별 행사에서만 행해졌지만, 1940년대에는 일반 예배 의식 맨 앞에 넣어 매주일예배 때마다 실행하였다.[5]

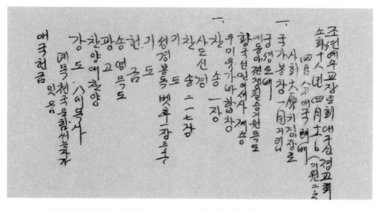

대구 신정장로교회 주보(1943.4.11.) 상단 일부분 (최덕성 교수 제공).

이것은 교회의 주일예배 순서에도 그대로 반영되었다. 매주 교회에

---

5   김승태, "일제 강점기의 한국 교회", 『교회와신앙』 (http://www.amennews.com)

서 하나님께 예배하기 전에, 먼저 1부 순서로 국가를 제창하고 궁성요
배와 대동아전쟁 필승 기원 묵도를 한 후 황국신민서사를 낭독하고 우
미유가바(うみゆかば)를 합창하였다.

황국신민서사는 민족 말살 정책의 하나로 내선일체·황국신민화 등
을 강요하면서 일본 제국주의를 강화하려고 암송을 강요한 글이다. 황
국신민서사에는 성인용과 어린이용이 있었다.

성인용
1. 우리는 황국신민(皇國臣民)이다. 충성으로서 군국(君國)에 보답하련다.
2. 우리 황국신민은 신애협력(信愛協力)하여 단결을 굳게 하련다.
3. 우리 황국신민은 인고단련(忍苦鍛鍊)하여 힘을 길러 황도를 선양하련다.

어린이용
1. 우리들은 대일본 제국의 신민(臣民)입니다.
2. 우리들은 마음을 합하여 천황 폐하에게 충의를 다하겠습니다.
3. 우리들은 인고단련(忍苦鍛鍊)하고 훌륭하고 강한 국민이 되겠습니다.

한편 우미유가바는 1937년 작곡된 일본의 가곡 겸 군가로, 장송곡
풍의 곡조에 다음과 같은 가사내용을 담고 있다.

"바다로 나간다면 나의 시체는 바다에 띄우고, 산에 나간다면 초원에 버린
다. 천황의 곁에서 죽어도 뒤돌아보는 일은 없으리."

원래 이 노래는 군인들이 전쟁터에 나갈 때나 가미가제 비행기를 몰

고 옥쇄하려고 할 때 부르던 노래인데, 이것을 예배 시간에 부른 것이다. 예수님을 위해 목숨을 바치는 것이 아니라 천황을 위해 목숨을 바치는 사람이 되겠다는 것이다. 이것이 과연 하나님을 위한 예배인가?[6]

또 교회에 따라 1부 예배를 기도, 소원 간구, 찬양—손뼉, 예물 바치기, 황국신민서사 낭독 등의 순서로 신도식 예배를 드린 교회들도 있다. 또 어떤 교회에서는 주일예배 중에 12시 정오 사이렌 소리가 나면 예배를 드리다가도 일어나서 일본천황이 사는 동쪽을 향해 절하는 궁성요배를 드리게 하였다. 천황 예배가 하나님 예배보다 더 우선인 것이다. 초대교회 성도들은 로마 제국이 강요한 황제 숭배를 거부하다가 박해를 당했지만, 한국 교회는 일본 제국이 강요한 천황 숭배를 적극 수용한 것이다.

궁성요배

---

6   최덕성 칼럼, "예배 중 日 가곡 합창하던 한국 교회가 주기철 목사 복권?", 『크리스챤 투데이』, 2016. 8. 19.

7) 찬송가와 성경 변경

1940년 일본 검찰은 "기독교에 대한 지도 방침"을 통해 성경과 찬송가 내용도 간섭하기 시작하였다. 총독부는 장로교의 협력을 촉진하기 위하여 1940년 10월 3일 장로교 상치위원 7명을 소집하여 성경과 찬송가 내용에 대해 이른바 '지도'라는 것을 실시하였다. 이에 따라 총회장 곽진근 목사는 "조선예수교 장로회 혁신 요강"이라는 것을 발표하고, 이 요강에 따라 1942년 초까지 찬송가 가사 개정 및 삭제를 진행하였다. 신정찬송가를 사용하고 있던 감리교에서도 1940년 10월 2일 감리교 이사회에서 결의한 "혁신 조항"에 따라 기존 찬송가에서 100여 곳을 삭제 또는 정정하였다.

이에 따라 개정된 찬송가 내용은 대략 다음과 같다. 일제의 천황제 이데올로기에 위배된다고 생각되는 "왕, 대왕, 만백성, 백성, 임금, 구주, 구세주, 만유의 주재, 다스리시네" 등 하나님의 통치권과 관련되는 단어는 '주, 주님–사람, 보살피시네' 등으로 바꾸고, 재림과 악마, 세상의 혼란 등을 표현한 문구도 삭제하도록 하였다. 그리고 영적인 전투나 군사와 관련된 단어인 "군병, 충성, 싸우라" 등은 "일꾼, 정성, 일하라" 등으로 바꾸었고, "십자가 군병"이나, "내주는 강한 성이요", "믿음이 이기네", "믿는 사람들은 군병같으니" 같은 전투적인 찬양이나 "삼천리 반도 금수강산 하나님 주신 동산"과 같은 민족의식을 일으키는 찬송가는 아예 삭제되었다.

또한 성경과 설교에 대해서도 제한을 가하여 일본의 신도나 천황 숭배 사상과 일치하지 않는 내용에 대해서는 성경에서 단호하게 배제시켰다. 1942년 12월 2일부터 개최된 조선감리교단 제2회 총회에서는

"총회 선언 조항"을 통해 "2. 말세 심판 재림론을 영적으로 해석하고 미신적 사상을 제거할 것, 3. 복음서에서 그리스도의 교훈 및 시범을 신앙생활의 기초로 하고 일체 유대사상 및 그 유전을 배제할 것, 4. 하나님 나라(天國)는 신의 평안이 각자의 마음속에 임재하는 것으로서 현세적 정치 형태를 의미하는 것이 아니라는 것을 명확히 할 것" 그리고 "설교는 그리스도의 복음 해석에 중점을 둘 것"을 결의하였다.[7]

이에 따라 성경을 읽을 자유도 제한되었다. 모세오경을 포함한 구약성경이나 요한계시록은 이스라엘의 민족주의와 해방 의식, 종말 의식을 표현하고 있기 때문에 금지되었다. 그리고 설교 본문은 4복음서로만 제한되었고, 설교자는 설교 주제를 사전에 당국에 보고해야 했고 내용도 엄격히 통제되었다.

또 사도신경 가운데서도 "전능하사 천지를 만드신 하나님 아버지를 믿사옵고"와 "저리로서 산 자와 죽은 자를 심판하러 오시리라"와 같은 조항들은 삭제되었다. 하나님을 창조주로 고백하는 것은 천조대신을 창조주로 묘사하는 신도의 신화와 모순되고, 그리스도 재림에 의한 최후심판 신앙은 일본 제국의 통치가 영원하다는 신앙과 모순되기 때문이었다.

일점일획도 함부로 해서는 안 되는 것이 바로 하나님의 말씀이다. 그런데도 일제는 이것을 천황숭배와 신도 종교의 사상에 맞도록 제 마음대로 재단해 버렸다. 그리고 교회는 일제의 그 요구들을 아무런 저항 없이 그대로 수용하였다. 이 사실은 기독교 신앙보다 천황 숭배 사상을

---

7   김승태, 앞의 글.

더 우위에 두었다는 것을 잘 보여 준다. 그 결과 한국 교회에서 복음의 본질이 변질됨으로써 영적 생명력이 사라지게 되었다.

8) 변질된 신학교

1938년 장로교 총회에서 신사참배 결정이 나자, 1938년 이 결정을 따를 수 없다고 판단한 선교회에서는 한국 보수신학의 주축이었던 조선예수교장로회신학교(평양신학교)의 자진 폐교를 결정하였고, 그와 더불어 보수적인 선교사들과 한국인들이 모두 떠나게 되었다. 그러자 신학 교육의 빈자리를 메우기 위해 1939년 3월에 김재준 목사와 송창근 박사를 중심으로 한 '기독교장로회 조선신학교'가 서울에 설립되었다. 이들은 선교사들의 영향을 배제하고 한국인들만의 신학 교육을 명분으로 내세웠으며, 그와 동시에 황국의 기독교 교역자를 양성한다는 목적을 내걸었다.

그러나 황국의 기독교 교역자를 양성한다는 표현이 의미하듯이, 조선신학교는 처음부터 한국에 복음을 전해 준 장로교 복음주의 전통과 단절하고 친일적인 기조를 유지하였다. 이 학교는 처음부터 일제의 황민화 도장으로 인허되었기에, 이 학교에서는 목사와 전도사 대신 '정교사'와 '보교사'로 부르도록 했다. 정교사, 보교사들의 역할은 순정 일본적 기독교의 순복음(純福音)을 전하는 일이었다. 순복음이란 신도와 기독교를 혼합한 일본식 혼합 종교를 일컫는 말이다.

한편 친일 세력에 의해 주도된 장로교 총회는 1939년에 평양신학교 재건을 결정하였다. 총독부는 조선신학교보다는 역사와 전통을 가진 평양신학교를 복구하여 황국신민화 작업을 추진하는 것이 유리할 것이라 생각하여 1940년 2월 평양신학교 재건을 허락하였다. 그리고 진보적인 친일파이자 한때 조선신학교 설립에 관여하기도 했던 채필근 목사가 그 신학교 교장에 임명되었다. 이 때문에 이 신학교는 교장 채필근 목사의 이름을 따라 '채필근신학교' 혹은 '후평양신학교'로 불렸다. 이 신학교는 그 목표가 목사 양성이 아니라 정통 신앙을 가진 기독교 신자들을 일본 민족주의 정신으로 개종시킬 "교회사"(教誨師, 지난날의 잘못을 깨우치게 하는 교사)를 양성하기 위한 일본적 기독교 사역자 양성 기관이었다. 이 신학교는 과거 선교사들이 세웠던 평양신학교와는 달리 자유주의 신학과 더불어 친일적 어용 신학교로 변질되었기 때문에 이전 조선예수교장로회신학교(평양신학교)를 잇는 학교로 평가받지 못하고 있다.

어렵기는 감리교 신학교도 마찬가지였다. 1940년 6월 교내에 신사참배와 창씨 개명을 반대하다는 격문이 나붙는 사건이 발생하였고, 이로 인해 여러 명의 학생과 교장이 구속되고 학교는 1년간 휴교에 처해졌다. 그로부터 1년 뒤 신학교 교문에 "결전태세", "종교보국"이란 말을 써 붙이고서야 다시 개교할 수 있었고, 이후에는 더욱 더 친일 색체를 강하게 띨 수밖에 없었다.

이런 상황은 전쟁 말기로 갈수록 더 악화되었다. 1944년 교육 전시 비상 조치령이 공포되자, 조선신학교(朝鮮神學校)는 교명을 조선신학교(朝鮮新學校)로 변경하였고, 감리교 신학교는 교명을 황도정신교사 양성소로 바꾸어 교명에서 신학교라는 색체를 아예 제거하였다. 그리고 실제 강의 내용도 구약이나 바울 서신, 예언서와 같은 과목은 없애는 대신, 일본 종교인 신도학(神道學), 신도 역사, 유교학, 불교학, 교련 등 새로운 과목이 추가됨으로써 이 학교가 기독교 신학교인지 신도 신학교인지 구분이 안 되도록 만들었다. 게다가 학생들은 매월 8일 신사참배를 의무적으로 해야 했고, 또한 부여신궁 건축 근로 봉사에 의무적으로 참여해야 했다. 결국 정통 신앙의 보루가 되어야 할 신학교가 실질적으로는 일본 신도학교로 전락하고 만 것이다.[8]

9) 신사참배 권유 운동 및 신민화 정책 주도

2차 대전이 일어나자, 총독부는 침탈 전쟁을 위한 기도 운동과 선동 운동에 교회가 앞장서도록 했다. 1938년 6월, 총독부의 종용에 따라 국민정신총동원조선연맹이 결성되었는데, 여기에서는 한때 민족운동에 참여하였던 윤치호가 주도적으로 활동하였으며, 그 후신인 국민총력조선연맹에는 3·1 독립선언에 참여하였던 정춘수와 수양 동우회 사건에 연루되었던 정인과도 적극적으로 활동하였다. 채필근 목사는 "국민정신 총동원이 절실히 요구되는 이때에 종교인도 국가에 충성하지 않으면 안 된다. 이런 것을 이단이라는 자야말로 오히려 이단이다."라고 말했으며, 복음교회 최태용 목사는 "조선을 일본에 넘긴 것은 신이다. 그러므로 우리는 신을 섬기듯 일본 국가를 섬겨야 한다."라고 강연하였다.[9]

또 장로교에서는 1939년 9월에 개최된 제28회 총회에서 일제의 정책을 실행하기 위한 기구로 국민정신총동원 조선예수교장로회연맹을 조직했다. 총회가 일 년에 일회 모임 후 산회되는 것에 반해, 이 기구는

---

8   박용규, 앞의 책, 763.
9   박용규, 앞의 책, 755, 757.

상설 기관으로 설립되었다. 이 기관은 총회장을 이사장으로 하고, 각 노회장을 이사로 그리고 총대들을 평의원으로 하여 구성되었으며, 전국에 26개 노회 지맹이 결성되고, 731개 애국반이 조직되었다. 1937년 7월부터 1940년 8월까지 이 장로회 총회연맹에 보고된 장로교의 선무 활동만도 전승 축하회가 594회, 무운 장구 기도회 9,053회, 시국 강연회 1,357회, 위문 181회나 되었다.[10]

그와 더불어 신사참배와 관계해서도 친일파 인사들은 '신사참배 인식 운동', '신사참배 권유 운동'을 전개했다. 신사참배를 거부하는 사람들을 회유하고 신사참배를 독려하기 위해 노회와 총회는 앞장서서 신자들과 목회자들에게 시국에 대한 정확한 인식을 가지도록 선전하고 신사참배를 강권했다. 그 일환으로 경남노회에서는 임원들이 거창에서 신사참배 거부 운동을 펼치는 주남선 목사에게 찾아가 신사참배를 권유하기도 했다. 주남선 목사는 그것을 거부하였다가 노회로부터 담임 목사직을 면직당하였다.

10) 전쟁물자 모금

전쟁이 발발하자 많은 물자가 필요해진 일제는 교회에 전쟁 물자를 모금할 것을 강요하였다. 이에 따라 장로 교회는 1937년부터 3년 동안 국방헌금 158만 원, 휼병금(전장의 병사들을 위로하기 위하여 쓰는 돈) 17만 2천 원을 모아 바쳤다. 이에 더하여 제29회 총회 결의에 따라 조직된 '조선예수교장로회 총회 중앙상치위원회'는 '애국기 헌납'을 위해서

10　조선예수교장로회 총회 제29회 회의록, 87.

각 노회에 명하여 각 교인 1인당 1원씩 모금을 실시하였다. 이렇게 모금한 돈으로 이듬해인 1942년 2월 10일에 육해군에 애국기 1대('조선장로호'라는 이름이 붙여졌다.)와 육전기관총 7정의 자금으로 15만 317원 50전을 그리고 육군 환자용 자동차 3대의 기금으로 2만 3천 221원 28전을 각각 헌납하고, 미군과 싸워 이겨 달라는 신도 의식을 거행하였다.

조선장로호

그와 더불어 총회연맹은 공문을 보내어 전쟁 물자를 조달하기 위하여 교회의 철책이나 철문뿐 아니라 교회 종을 '헌납'하도록 독촉하였다. 이렇게 하여 떼어 바친 종은 1942년 10월 15일 현재로 1,540개, 금액으로는 약 11만 9천 832원에 이르렀다.[11] 감리교는 이보다 앞선 1942년 4월 25일에 경성교구에서 25개의 종을 헌납하였다.

한편 일제 말기 한국 교회 신자들은 대부분 '기독교도연맹'에 가입했

---

11 조선예수교장로회 총회 제31회 회의록, (서울: 조선예수교장로회총회, 2010). 55. 이 회의록은 원래 일본어로 기록되었으나 대한예수교장로회총회에서 2010년에 새롭게 번역 출간하였다.

는데, 교회는 연맹 회비로 일인당 20원씩을 받았다. 20원은 당시 동아일보 평기자가 받던 월급액에 해당되는 것이었으니 거액이었다. 교회는 이렇게 거둔 회비나 헌금을 가지고 일제의 병기 구입을 위해 헌납하였다. 그리고 연맹 회비를 내지 않는 교인에 대해서는 교회가 그들의 이름을 교인 명부에서 삭제하기도 했다.

한편 일제 말기로 가면서 총독부는 교회의 통폐합을 추진하였는데, 이 과정에서 폐쇄된 교회들의 부동산을 처분한 돈도 또한 국방 헌금으로 헌납되었다. 감리교의 정춘수 통리는 경성, 제물포, 송도, 해주, 평양, 진남포, 원산, 강릉, 강경 등지에 있는 34개 교회를 폐쇄하고, 그 재산을 팔아 '감리교단호'라는 이름을 붙인 비행기 3대의 기금으로 헌납하였다.

성결 교회는 재림 신앙을 문제 삼아 탄압이 가해지자 1943년 12월 29일에 '해산 성명서'를 발표하고 해산되고 말았다. 이때 처분된 교회 재산도 일제에 모두 헌납되었다. 또 침례교의 전신인 동아기독교도 일제의 탄압에 저항하다가 1944년 교단이 해체되었고, 그 모든 재산 역시 일제에 헌납, 귀속되고 말았다.

11) 예배와 교회의 통폐합

전쟁 말기로 갈수록 일제는 교회에 대한 통제를 강화하여, 1943년 9월부터는 주일 오후예배와 수요예배는 금지되고 주일 오전예배만 허용되었다. 예배 후에는 국가 상황에 대한 보고를 하기 위해 특별 모임을 만들었고 연사는 당국이 지명하였다.

교인들은 '애국반'이라는 단위로 조직되고 모든 활동은 애국반 교과 과정의 일환으로 진행되도록 했다. 교회 안에는 애국심을 고취하는 현

수막을 걸도록 하고 총회 교육부 사무실에는 천조대신의 초상화를 벽에 걸도록 했다. 회의나 성경공부 모임은 경찰의 허락 하에서만 모일 수 있었고, 이 모임은 먼저 지역 신사를 방문하여 참배하고 천황에게 충성을 보이는 것을 조건으로 허락되었다.

또 일제는 전쟁 물자 공급을 위해 전국 교회의 구조 조정을 단행하였다. 일제는 전국의 각 면 단위마다 1개 교회만 남겨 놓는 방식으로 교회 통폐합을 강제로 추진했다. 교회 통폐합으로 비게 된 예배당 건물 등의 부동산이 매각 처분되었고, 그 판매 대금은 국방 헌금으로 바쳐졌다. 그 바람에 적지 않은 교회가 사라졌고 또 통폐합된 노회도 더러 있었다.

특별히 장로교의 경우 교회 수가 1941년 3,624교회에서 1942년에는 2,543교회로 줄어들었다. 한 해 동안에만 모두 1,081교회가 폐쇄되었는데, 이는 당시 총 장로교 교회 수의 30%에 해당되는 것이었다. 그 중 가장 큰 피해를 본 곳이 경남노회였는데, 교회 통폐합을 실행한 결과, 335교회 중에 108교회가 감소하였다. 이는 총회 산하 교회 감소분의 10%에 해당하는 수치로서, 26개 노회 가운데서 가장 많은 수의 교회가 폐쇄된 것으로 추정된다.[12] 이것은 총회나 노회가 당국의 정책에 적극적으로 협력하여 통폐합에 앞장선 결과라고 할 수 있다.

---

12 나삼진, 한국 장로교회 신사참배 결의와 1940년대의 부일과 배교.
   http://www.kscoramdeo.com/news/articleView.html?idxno=13668

12) 일본적 기독교화

일제는 일본과 한국의 내선일체를 강조하면서 창씨 개명과 일본어 사용 등 모든 면에서 한국민의 일본화를 추진하였다. 이에 교회도 이런 정책을 충실히 수행하였는데, 이것은 단순히 일제의 압력 때문에 마지 못해 이루어진 것이 아니라 오히려 기독교 지도자들이 앞장서서 자발적으로 추진하였다.

특별히 제2차 세계대전이 발발한 후인 1942년 10월 16일부터 개회되었던 제31회 장로회 총회는 이런 기독교 일본화의 극단을 보여 주었다. 일제의 일본어 국어 사용 원칙에 따라 예배 용어와 찬송가, 성경 등에 모두 일본어가 사용되었고 총회 회의록 마저 일본어로 기록되었다.

뿐만 아니라 31회 총회에서는 다음과 같은 선언문을 발표했는데, 회의록은 "일동은 크게 감격해서 박수를 하였다."라고 기록하고 있다.

"천황의 덕분으로 대동아 공영권을 건설하고, 그로 인해 세계 신질서를 완성한 것이 우리 제국의 국시입니다. 우리의 황군 장병은 하늘에서 바다에서 육지에서 큰 전과를 거둬가고 있는 것에 대하여 전장의 뒤에 있는 국민은 감격할 수밖에 없습니다. 이 가을에 우리 조선예수교장로회 총회는 천황의 은혜에 감격해 눈물을 흘리고, 협심 전력으로 성스러운 업적을 완수하도록 매진할 것을 결심합니다."[13]

'OO의 은혜에 감격해 눈물을 흘린다.'라는 표현은 기독교에서 원래

---

13   조선예수교장로회 총회 제31회 회의록, 1.

하나님을 향하여 사용하는 표현이다. 이것을 천황에게 사용한 것은 한국 기독교가 이제 완전히 일본의 충실한 종이 되었다는 것을 보여 주는 것이다.

그리고 이어 진행된 각 노회 보고에서는 교회가 스스로 앞장서서 일본적 기독교로 변하고 있음을 보여 준다. 경성노회는 제 교회에 국어(일본어) 강습회를 개설하고 충성보국의 정신을 철저하게 하겠다고 보고하였고, 충청노회는 일본적 기독교로 진일보 전환했다고 보고하였다. 전북노회와 전남노회, 제주노회, 경남노회, 경동노회 등도 역시 국어(일본어) 강습회를 열어 국어 보급에 노력하고 있으며 일본적 기독교에 매진하고 있다고 보고하였다. 함북노회는 교역자 하기 수련회를 개최하여 일본 정신사 강의를 한 주 동안 청강하도록 했다고 보고하였으며, 삼산노회에서는 일요 학교에서 일본어로 가르치며 일요 학교 지도 수련회를 개최하였음을 보고하였다. 이 외에도 여러 노회가 충성보국의 정신으로 일본적 기독교화에 앞장서겠다는 보고를 하고 있다.[14]

이런 분위기 속에서 각 교회들은 찬송과 성경 봉독, 기도와 설교는 반드시 일본어로 해야 했고, 교회가 드린 기도는 황국 무운 장구와 일본의 전승에 관한 것이 주를 이루었다. 또한 목사는 목회자의 성의를 벗고 바지 하단을 졸라맨 '게도루'와 일본식 군복을 입었다.

---

14   조선예수교장로회 총회 제31회 회의록, 79-90 참조.

1943년 일본 나라신궁 참배 후 기념 촬영한 한국 목회자들

일본적 기독교란 무엇인가? 한 마디로 기독교의 기본 진리보다는 일본 천황에 충성하는 기독교, 하나님보다는 일본의 신 천조대신을 더 우선적으로 섬기는 기독교를 의미한다. 또 정치적으로 말한다면, 복음을 전해 준 서양 기독교 단체들과의 관계를 끊고 천황에 충성한 일본 기독교 단체에 편입되는 것을 의미하며, 대한민국 국민으로서의 정체성을 버리고 완전히 일본의 신민이 된다는 것을 의미한다. 이것을 교회가 앞장섰으니 얼마나 부끄러운 일인가?

13) 교단의 통폐합

일제는 예배와 교회의 통합에 그치지 않고 기독교 교단들을 하나로 통합하는 작업을 시행하였다. 그 이유는 기독교에 대한 통제를 강화하여 전시에 천황 중심으로 모든 국민들을 단결시키기 위함이었다. 이 일은 먼저 일본에서부터 시행되었다. 일본 정부는 1939년 4월에 종교 단체법을 공포하고 다음해 4월부터 이를 시행하였다. 그리하여 교단과 목사가 천황제의 국체 질서에 방해가 된다거나 그것에 충성하지 않을 때는 교단 인가 취소, 목사 자격 박탈, 나아가 형벌이 가해졌다.

이리하여 1941년 6월, 34개 기독교 교단이 참여한 일본기독교단이 결성되었다. 그리고 1938년에 신사참배를 독려하기 위해 조선에 입국했던 도미타가 초대 통리사로 선출되었다. 이들은 창립 총회 때 기미가요 제창, 궁성요배, 전몰 장병을 위한 묵도, 천황제 국체에 대한 충성을 외치고 선서했다. 그리고 정부는 현인신인 천황을 그리스도 아래 놓는다는 것은 천황에 대한 불경이며 부활 신앙은 미신이기 때문에 신앙 문답에서 삭제하라고 요구했고, 기독교는 이 요구에 순순히 따랐다. 1942년 11월에는 기독교의 헌신과 협력을 독려하기 위해 천황이 직접 기독교 지도자 400여 명을 만났다. 신과 같은 존재인 천황을 만난 일본의 기독교 지도자들은 그것에 감읍(?)하여 더욱 더 천황에 대한 충성심을 다지게 되었다. 그리고 외국 선교회나 서양의 교단들과의 관계도 완전히 단절하였다. 이제 일본 교회는 그리스도를 머리로 하는 교회가 아니라 천황을 머리로 하는 몸이 되었다.

이렇게 일본의 교회를 천황제에 종속시키는 데 성공하자, 일제는 한국의 기독교를 천황제에 종속시키는 작업에 착수하였다. 이것은 두 가지 방향으로 진행되었다.

첫째는 한국의 각 기독교 교단을 서양의 선교부나 서양 교단들과의 관계를 단절하는 대신 일본 기독교 단체와 연결하는 것이며, 둘째는 한국의 여러 개의 교단을 하나로 통합하는 작업이었다.[15]

---

15 일제는 원래 모든 한국의 기독교 교단들을 먼저 통합시킨 후 일본의 기독 교단에 예속시키려고 계획하였다. 이리하여 1942년 1월 장로교, 감리교, 성결교, 일본기독교조선교구회, 구세군 등 5개 기독교 교파 대표들이 모여 '교파 합동 준비 위원회'를 조직하였

이를 위해 일제는 먼저 한국의 교회에서 중요한 역할을 했던 서양 선교사들을 외국인 첩자로 몰아서 추방하는 정책을 실시하였다. 그리고 선교사들과 접촉하는 한국인들에게도 첩자 혐의를 씌웠다. 이 때문에 선교사들의 활동은 위축될 수밖에 없었다. 거기에 태평양전쟁 발발을 앞두고 미국과 일본의 관계가 악화되자 더는 선교가 어려움을 인지한 본국의 선교부에서는 선교사들의 철수를 명령하였다. 이리하여 1940년 말까지 90%의 선교사들이 한국을 떠났고, 1941년 12월 태평양전쟁이 발발하자 남은 선교사들도 눈물을 머금고 철수할 수밖에 없었다.

이런 식으로 외국 선교사들을 추방한 뒤, 각 기독교 단체나 교단으로 하여금 다른 국제기관과의 연합을 단절하도록 하고, 대신 일본 기독교 단체에 통합되도록 하였다. 1938년 6월 21일에 한국주일학교연합회가 재미연합회에서 탈퇴, 해체되었다. 이어 27일에는 서울의 YMCA가 세계 YMCA를 탈퇴하고 "일본기독교청년회 조선연합회"로 개편되었다.

그리고 감리교는 1940년 10월 2일, 일본 정신의 함양과 일본적 복음을 천명하고, 일본감리교와 통합한다는 혁신안을 결의했다. 이리하여 한국감리교회는 미국감리교선교회와 단절하고 일본감리교회와 통합하여 '기독교조선감리교단'을 조직하였다. 이 교단은 1943년 10월에 교단

다. 교파 통합을 논의하는 과정에서 감리교 측과 장로교 경성노회(경기노회)가 연합하여 '조선기독교혁신교단'이라는 통합 교단을 먼저 결성하였으나, 각 교파 내부의 반발로 인해 혁신 교단이 해체되면서 교파 합동 시도가 실패하였다. 그러자 일제는 전략을 수정하여 먼저 각 개신교 교파를 개별적으로 일본 기독교에 예속시킨 후, 모든 교단을 단일 교단으로 통합시키는 방향으로 선회하였다.

명칭을 '일본기독교 조선감리교단'으로 바꾸었으며, 1945년에는 기타 교단들과 연합하여 일본기독교조선교단으로 통합되었다.

　성결 교회도 일제의 강요에 의해 교파 합동과 신학교 합동 운동에 적극적으로 참여하였다. 1943년 5월 5일에 기구를 '쇄신'하여 교단 명칭을 '일본기독교 조선성결교단'으로 바꾸고, 전국을 경기, 함북, 함남, 황평(黃平), 충호(忠湖), 영남의 여섯 교구로 나누었다. 이렇게 협조하였음에도 불구하고 일제는 성결 교회의 재림 신앙을 문제 삼아 성결교 지도자들을 구속하였을 뿐 아니라 성결 교회의 예배와 집회를 금지시켰다. 그 결과 성결교는 12월 29일에 '해산 성명서'와 더불어 해산되고 말았다.

　구세군은 그동안 군대적 특성으로 인해 영국 구세군 본영과 영국인 선교사의 지휘를 받았었는데, 일본과 영국이 적대관계가 되자, 1940년 가을부터는 일제의 압력으로 구세군 영국 본영과의 의존관계를 청산하게 되었다. 그와 더불어 교단에서 군사적인 색채를 없애도록 여러 차례 압력을 받았다. 결국 1940년 10월 29일에 조선본영 사령관 토마스 윌슨 소장은 영국 본영의 지령에 의하여 사령관직을 사임하였다. 그리고 그 후임이 된 한국인 사관 황종률(檜原正義)과 일본인 사관 사카모토(坂本雷次)는 일본 당국이 지도하는 대로 10월 30일부로 교파 명칭을 조선구세군에서 조선구세단으로 바꾸고 본격적인 '체제 개혁'과 부일 협력에 나섰다. 그러다가 구세군도 1945년 7월 19일에 출범한 일본기독교 조선교단으로 통합되었다.[16]

16　김승태, 앞의 글.

한편 만주지역의 교회 역시 일제의 강요에 의해 통폐합되었다. 성결교, 침례교, 감리교, 장로회, 조선기독교회 등 다섯 개 교파는 1941년 11월 28일, "만주조선기독교연맹"으로 단일화되었고, 그 산하에 270개의 장로 교회와 36개의 감리 교회, 16개의 침례 교회(동아기독교), 12개의 성결 교회(동양선교회), 12개의 조선기독교회 등 346개 교회가 통합되었다.

조선예수교장로회 역시 1942년 10월 16일에 개최된 31회 총회를 끝으로 스스로 해산하였고, 장로교 교회들은 1943년 5월 "일본기독교조선장로교단"을 창설하면서 일본 장로교와 통합되었다. 그리고 해방되기 얼마 전인 1945년 7월 19일에는 일제의 지도 하에 장로교와 감리교, 구세군 등 모든 기독교 교단이 통합된 "일본기독교조선교단"이 발족되었다. 그리고 이 교단은 일본 내 단일 교단인 "일본기독교단"의 하부에 소속됨으로써 교단 전체가 완전히 일제의 통제 하에 들어가고 말았다. 이 얼마나 안타깝고도 허탈한 결과인가?

한국 기독교의 지도자들은 일제의 압력에 굴복하여 천황숭배와 신사참배를 결의하였다. 그러나 그 결과는 무엇인가? 성도들은 교회당 안에 소형 신사를 차려놓고 그것에 예배하고 절해야만 하였다. 이런 신도 예배를 먼저 드려야 기독교 예배를 드릴 수 있었다. 성경과 찬송가도 일제의 가르침과 부합한 것만 인정되거나 왜곡되었다. 목회자들은 신도세례인 미소기하라이를 받아야 했고, 성도들은 천조대신이나 천황이 여호와 신보다 더 높다는 고백을 해야 했다. 신학교는 하나님의 복음을 전하는 선지생도의 훈련장이 아니라 황국신민화 작업을 수행하는 기관이 되어야 했고, 교회는 전쟁을 이기기 위한 국민총동원의 도구가 되어야 했다. 이것은 하나님도 섬기고 이방신도 섬겼던 저 사사기 시대의 범죄와 다를 바 없다. 이 얼마나 큰 배도인가?

그런데 문제는 이와 같은 일을 추진한 사람들이 총칼의 위협 때문에 어쩔 수 없이 이렇게 한 경우도 있지만, 그렇지 않은 사람도 많았다는 사실이다. 이들은 강요에 어쩔 수 없이 굴복한 것이 아니라 스스로 적극 참여자가 되었다. 이들 가운데는 일제의 비호 아래 노골적으로 교권을 잡으려는 동기에서 앞장선 이들도 있었고, 앞장서지는 않았지만 특정한 상황 속에서 자신의 입장을 스스로 정당화하면서 자발적으로 이일들에 참여한 사람들도 있었다. 심지어 한때는 독립운동과 반일 운동에 앞장섰던 인물들 가운데도 변절하여 일제에 적극적인 협조자로 바뀐 경우도 많았다.

이들은 왜 강요 굴복이 아니라 스스로 적극 참여자로 바뀌게 되었을까? 이런 사람들의 생각과 명분은 과연 무엇이었을까? 이들의 심리 상태를 한번 분석해 보자. 한국전쟁 당시 미군 포로들 가운데 적지 않은 숫자가 조국에 변절자가 되었는데, 어쩌면 이들의 심리 상태를 분석한 미국의 심리학자들의 연구 결과가 신사참배에 적극 협조한 사람들을 이해하는 데 도움이 될지도 모른다.

한국전쟁 중, 많은 미군 병사가 중공군의 포로가 되어 수용소에 수용되었다. 그런데 놀라운 일은, 많은 미군 포로가 중공군에 협조하여 군사정보를 제공하였을 뿐 아니라 조국에 대해 비난하고, 심지어는 동료 미군 포로를 감시하고 고발하는 사람들로 변질되었다는 사실이다.

미군 포로들이 서로 감시하고 고발하는 바람에 미군들의 수용소 탈출 계획은 번번이 미리 탄로가 났고 대부분은 실패로 돌아갔다. 어떤 사람이 설령 탈출에 성공했다 해도 중공군은 그를 고발하는 사람에게 쌀 한 봉지의 현상금을 내걸음으로써 손쉽게 그를 다시 체포할 수 있었다고 한다. 실제로 중공군의 포로로 있었던 미군 병사들 중 대부분이 이런저런 형태로 중공군에 협조했다. 이러한 미군의 행동은 2차 세계대전 중에는 거의 유례를 찾기 힘든 일이었다.

이 때문에 전쟁이 끝난 후, 미국의 심리학자들은 귀환 포로들의 심리 상태를 집중적으로 연구하는 프로그램을 실시하였다. 미국의 심리학자들이 발견한 것은 중공군의 포로 심문 프로그램이 대단히 성공적이었다는 사실이었다. 군사정보를 캐내기 위하여 무자비하게 그들을 고문했던 북한군과는 달리, 중공군은 '유화정책'(lenient policy)이라는 고도로 정교화된 심리적 전략을 구사하였다. 그러면 중공군의 세뇌 프로그램은 어떤 전략이었는가?

당연히 초기 단계에서는 중공군이 미군 포로로부터 어떠한 협조를 얻기란 그리 쉬운 일이 아니었다. 미군 병사들은 그들의 이름, 계급 그리고 군번만 알려줄 뿐, 다른 어떤 정보도 제공하지 않도록 잘 훈련받았기 때문이었다. 이런 그들을 고문이나 폭력을 사용하지 않고서도 변절하게 만든 중공군의 전략은 간단했다. '작은 것부터 시작하여 크게 만든다.'라는 것이다.

먼저 중공군은 미군 포로들에게 매우 하찮은 것으로 보이는 주제들, 예를 들면 '미국이 완벽한 것은 아니다.' 혹은 '공산주의 국가에서는 실업이 전혀 사회 문제가 되지 않는다.' 등의 주제를 가지고 글을 쓰도록 한다. 이런 것들에 대해서는 누구나 인정할 수 있는 부분이 있기에 미군들도 수용한다. 이렇게 미군 포로들로부터 가벼운 승낙이 이루어지면, 다음 단계로 넘어간다. 이번에는 어떤 측면에서 미국이 완벽한 나라가 아닌가에 대하여 조목조목 나열하여 글을 쓰도록 한다. 미국이 완전한 사회가 아닌 것은 분명하기에 이들은 그런 문제점들을 서로 간에 토론하면서 찾아 나간다. 그런 후, 포로들 간의 토론 시간에 미국의 문제점에 대해 글을 쓴 뒤 거기에 자신의 서명을 넣어 정식으로 직접 공개하게 한다. 이러한 과정이 진행되는 동안, 포로는 미국이 완벽한 나라가 되지 못하는 이유를 계속해서 생각해 내게 되고, 공개 토론에도 더욱 활발히 참여하게 된다.

어느 시점에 이르면, 중공군은 이 미군 포로의 이름과 반미국적인 작문 내용을 다른 미군 포로수용소나 미군 부대를 향해 라디오 방송으로 내보낸다. 이 시점부터 이 미군 포로는 갑자기 적에게 협력하는 변절자로 급변하게 된다. 자신의 작문이 어떠한 외부적 강요에 의해 억지로 작성된 것이 아니라는 것을 잘 알고 있는 이 포로는 자신의 생각이 자발적으로 반미국적으로 변했다고 생각하게 된다. 그리고 그때부터는 변화된 자신의 새로운 이미지에 충실하기 위하여 더욱 더 적극적으로 적에게 협조하게 되더라는 것이다.

사람들은 일단 사소한 어떤 것을 허락하게 되면, 점점 더 깊은 요구에도 거절할 수 없게 된다. 그뿐 아니라 그때부터는 강요에 의한 것이 아니라 자발적인 협조자로 변하게 된다. 그리고 스스로 그것을 정당화시키면서, 더 적극적인 협조자가 되어 가는 것이다. 중공군의 세뇌 프로그램을 연구했던 심리학자 에드가 쉐인(Edgar Schein)은 이런 심리 법칙을 발표했는데, 이 법칙은 오늘날 마케팅에도 많이 이용되고 있다고

한다.[17]

사실 이런 심리 법칙은 마귀도 잘 이용한다. 사소한 것에 개입하게 만들어 점점 더 큰 죄악으로 이끌어가는 것이다. 어떻게 보면, 일제도 이런 전략을 사용하였다. 사소한 요구에서 시작하여 그것이 일단 허락이 되면 더 심각한 요구들을 하기 시작한다. 한번 그들의 요구를 허락하면 더 깊은 요구까지 다 들어 줄 수밖에 없고, 이런 경지에 도달하면 이제는 강요에 의해서가 아니라 자발적인 주체가 되어 그 일을 하게 되는 것이다. 신사참배 결의에 참여한 목회자들은 한번 그 결의에 참여하게 되니까 그 이상의 배도적 요구들을 거부할 수 없게 되었을 뿐 아니라 오히려 그 일을 정당화하면서 자발적인 주동자가 되어 버린 것이다.

총회 결의 이후에 진행된 과정을 보노라면 저 이솝 우화에 나오는 낙타 이야기가 생각나게 된다. 낙타 한 마리를 데리고 사막을 건너다니면서 장사를 하는 아라비아 상인이 있었다. 이 상인이 천막 안에서 막 잠이 들려는 순간, 천막 한 귀퉁이가 조용히 걷히더니 낙타가 머리를 집어넣고는 머리만 천막 안에 넣게 해 달라고 애원했다. 마음 착한 아라비아 사람은 낙타의 요구를 들어주었다. 얼마 후, 낙타가 다시 목을 집어넣고는 목도 좀 녹일 수 있게 해 달라고 부탁했다. 상인은 이 청도 들어주었다. 잠시 후, 낙타는 다시 앞다리를 들여놓을 수 있게 해 달라고 요청했다. 상인은 이 청도 들어주었다. 잠시 뒤에는 몸까지 들어가도록 해 달라고 요청했다. 상인은 그러라고 했다. 그러나 천막 안은 둘

---

17 "한국전쟁 때 왜 미군 포로들은 변절자로 돌아섰나", 인터비즈.
    https://m.blog.naver.com/businessinsight/221171804944

이 함께 있기에는 너무나 좁았기에 결국 덩치가 작은 상인이 천막에서 쫓겨나고 말았다.

한국 교회가 신사참배를 허용한 것은 낙타 머리를 천막 안에 들이도록 용인한 것과 같았다. 한번 신사참배를 용인하자, 그보다 더 심한 배도적 행위들을 요구했을 때도 한국 교회는 그것을 거절할 수 없었다. 신사참배와 천황 숭배, 천조대신 숭배와 같은 요소들이 기독교 예배와 기독교 교리 안에 들어왔을 뿐 아니라, 그것은 곧 하나님을 밀어내고 하나님의 위치에 들어서고 말았다. 기독교는 허울만 하나님을 믿는 종교였고 실제로는 일본의 천황과 일본의 신 천조대신을 숭배하는 종교가 되어 버렸다.

한국 교회가 이렇게 일제와 타협한 결과 교회와 교단의 통폐합이 이어지면서 많은 성도들이 떨어져 나갔고 교세는 크게 축소되었다.

연도별, 교단별 교세 수의 변천 [18]

교단 / 연도	장로교	감리교	성결교	성공회	안식교	구세군	합계
1931	197,539	45,142	5,626	6,448	4,202	4,173	263,130
1934	248,812	52,674	9,004	5,516	5,018	4,527	325,551
1937	287,082	54,574	13,078	7,963	4,802	6,586	374,085
1939	286,268	53,002	11,135	8,016	5,984	6,057	370,462
1941	256,575	50,286	9,165	7,535	4,510	4,536	332,607
1943	160,717	31,914	약5,000	5,923	약3,000	2,204	208,758

---

18 손정목, 앞의 글, 302에서 재인용.

이 도표를 보면, 1938년 신사참배를 결의했던 장로교 총회을 분기점으로 기독교인의 교세가 줄어들고 있음을 알 수 있다. 심지어 1943년의 기독교인 숫자는 1931년 기독교인 숫자보다 더 줄어들었다. 결국 신사참배에 협조한 한국 기독교는 일제의 황국신민화 도구로 실컷 사용되다가 빈껍데기만 남는 신세가 된 것이다. 올바른 신앙을 갖지 못한 교회가 부흥할 수 없음은 지극히 당연한 일이다.

이 신사참배 결의를 주도한 사람들은 선교 사업을 지속하고 교회를 수호하기 위해 그렇게 했다고 변명한다. 그러나 학교를 통한 교육 사업을 지속하기 위해 신사참배에 동조했던 선교사들도 결국은 다 추방되었고, 교회를 지킨다는 명분으로 신사참배를 수용했던 한국 기독교는 모든 것을 다 내주고도 교세가 축소되는 신세가 되었다. 이 모든 것의 출발점이 된 것이 바로 각 교단 총회의 신사참배 결의였다.

2. 신사참배에 대한 하나님의 징계

2000년 기독교 역사에서, 교회가 스스로 우상숭배를 결정하고 그것을 강요한 경우는 한국 교회밖에 없다. 한국 교회는 스스로가 공식적으로 우상숭배를 결정하였고, 또 그것을 권유하고 강요하였을 뿐 아니라 이를 거부하는 사람들을 제명하거나 축출하였다. 하나님께서 과연 이런 엄청난 범죄를 저지른 한국 교회를 어떻게 생각하실까? 이런 한국 교회를 그냥 두실까?

성경의 역사는 범죄한 하나님의 백성에게는 늘 하나님의 징계가 따랐다는 것을 보여 준다. 왜냐하면 하나님께서는 그 사랑하시는 자를 징계하셔서 바른 길로 인도하기를 원하시기 때문이다(잠 3:11-12).

솔로몬왕은 7년간의 대역사 끝에 아주 화려하고도 아름다운 성전을 지을 수 있었고, 그것을 하나님께 봉헌하였다. 그리고 하나님께 그 성전을 봉헌하는 긴 기도를 올렸다(왕상 8:22-53). 그러자 하나님께서 나타나셔서 그에게 응답하셨다. 하나님께서는 솔로몬의 성전을 기쁘게 받으셨고, 또 하나님의 이름을 그 성전에 두시며 그 눈길과 마음을 그곳에 있게 하겠다고 약속하셨다.

그런데 거기에는 하나의 조건이 딸려 있었다.

> 네가 만일 네 아버지 다윗이 행함 같이 마음을 온전히 하고 바르게 하여 내 앞에서 행하며 내가 네게 명령한 대로 온갖 일에 순종하여 내 법도와 율례를 지키면 …(왕상 9:4).

하나님은 바로 이 조건 하에서 그 이름을 솔로몬 성전에 두실 뿐 아니라 또 그 왕위를 영원히 견고하게 하시겠다고 말씀하셨다. 그러나 하나님은 이 조건이 어겨지면 그 약속은 깨지고 그 반대의 결과가 이루어질 것임도 함께 말씀하셨다.

> 만일 너희나 너희의 자손이 아주 돌아서서 나를 따르지 아니하며 내가 너희 앞에 둔 나의 계명과 법도를 지키지 아니하고 가서 다른 신을 섬겨 그것을 경배하면 내가 이스라엘을 내가 그들에게 준 땅에서 끊어 버릴 것이요 내 이름을 위하여 내가 거룩하게 구별한 이 성전이라도 내 앞에서 던져버리리니 이스라엘은 모든 민족 가운데에서 속담거리와 이야기거리가 될 것이며(왕상 9:6-7, 필자의 강조)

만일 이스라엘 백성들이 하나님의 말씀에 순종하면 하나님이 그 성전에 거하시며 그 이스라엘과 함께하시지만, 그러나 반대로 계명과 법도를 어기고 다른 신을 섬기면 이스라엘을 그 땅에서 끊어버릴 뿐 아니라 하나님의 이름을 위하여 거룩하게 구별한 이 성전이라도 던져버리시겠다는 것이다.

실제로 이런 일이 후대에 발생하였다. 북쪽 이스라엘은 19명의 왕 가운데 한 사람도 제대로 하나님을 믿은 적이 없을 정도로 우상숭배로 일관하였다. 그러다가 결국 B.C. 722년에 북쪽 앗수르 민족에게 완전히 멸망을 당하고 말았다. 그리고 남쪽 유다 역시 말기로 갈수록 우상숭배로 돌아섰고, 심지어 므낫세와 같은 왕은 성전 안에 우상을 위하여 제단을 쌓고 여호와 하나님이 아닌 우상에게 절하고 제사를 지냈다. 하나님은 여러 선지자를 보내셔서 회개를 촉구하셨지만, 그들이 끝내 거절하자 결국 채찍을 드셨다. B.C. 586년 저 바벨론이라는 나라를 드셔서 그 아름답던 성전을 완전히 훼파하도록 하셨을 뿐 아니라 이스라엘 백성들을 다 포로로 잡혀가게 하셨다. 이 성전을 불사르고 완전히 훼파시킨 주체는 바벨론 군인들이 아니라 실은 하나님 자신이셨다. 솔로몬에게 말씀하신 대로 그 성전을 던져버리셨던 것이다.

그러나 이런 일은 한 번으로 끝나지 않았다. 바벨로 포로에서 돌아온 이스라엘 백성들은 스룹바벨 인도 하에 제2의 성전을 짓는다. 이 성전은 솔로몬 성전에 비해 초라하였으나, 그로부터 약 500년 뒤에 헤롯대왕에 의해 화려하게 증축된다. 유대인이 아닌 에돔 사람으로서 유대의 왕이 된 헤롯대왕은 유대인들의 환심을 사기 위해 화려한 성전을 짓는데, 무려 82년 동안 엄청난 규모로 성전을 지었다. 솔로몬 성전이 7년, 스룹바벨 성전이 5년만에 건축되었으니 헤롯성전이 얼마나 화려했

을지 짐작할 수 있다.[19]

이 헤롯 성전은 엄청나게 크고 흰 대리석을 사용했는데, 대리석 하나의 높이가 12m에 달하는 것도 있고, 무게가 100톤이 되는 것도 있었다. 그 대리석들은 미석(美石)이라고 불렸다. 사도행전 2장에는 베드로가 성전 미문(美門)에 앉은 앉은뱅이를 고쳐 주었다고 기록되어 있는데, 바로 '아름다운 문'이라는 뜻이다. 또 기둥과 건축물 상단이 황금으로 장식되어서 햇빛에 반사되면 정말 장관이었다고 한다. 이 때문에 "헤롯 성전을 보지 않았다면 아름다운 건물을 보았다고 말하지 말라."는 속담이 생길 정도였다. 예수님의 제자들도 그 건물의 아름다움에 반해 예수님께 그 건물의 웅장함과 화려함을 자랑하려고 하였다.

그러나 그때 예수님께서는 단호하게 말씀하셨다.

너희가 이 모든 것을 보지 못하느냐 내가 진실로 너희에게 이르노니 돌 하나도 돌 위에 남지 않고 다 무너뜨려지리라(마 24:2).

이 제자들은 성전 건물의 화려함을 보았지만, 예수님께서는 그 안에서 이루어지고 있는 영적 현실의 비참함을 보신 것이다. 그러므로 이 말씀은 미래에 대한 예언이라기보다는 예수님의 의지였다는 것이 더 정확할 것이다. 열왕기상 9장 6-7절에서 말씀하신 것처럼, 하나님의 아들이신 예수님을 거역한 사람들에 대한 징계로서 그 성전을 철저하

---

19   헤롯 성전은 B.C. 19년에 착공하여 예수님 당시인 A.D. 27년 경에는 46년째 공사가 진행되고 있었다. 완성은 그 후 36년이 지난 A.D. 63년 알비누스 총독 때 헤롯대왕의 증손자인 헤롯 아그립바 2세가 완성시켰다. 일반적으로 이 헤롯 성전은 스룹바벨 성전의 증축으로 보아 제2 성전으로 간주한다.

게 무너뜨리게 하겠다는 말씀인 것이다.

실제로 이 예수님의 말씀대로 이 성전은 완공 후 겨우 7년이 지난 A.D. 70년에 로마의 디도 장군에 의해 완전히 파괴되었다. 예수님이 말씀하신 것처럼 돌 위에 돌 하나도 남지 않을 정도로 철저히 파괴되었다. 이처럼 철저히 파괴된 이유는 성전에 불이 나자 성전 벽에 있는 금이 녹아내려 돌과 돌 사이에 스며들었는데, 로마군이 이 금을 차지하려고 성전의 돌들을 다 헤집었던 것이다. 지금 헤롯 성전은 흔적도 없이 사라졌고, 그 자리에는 이슬람의 황금돔 사원이 자리잡고 있다. 제2 성전을 둘러싼 서쪽 외벽의 극히 일부만 남아 있는데, 유대인들이 그 벽을 붙들고 성전 파괴를 애통해 하며 기도하기에 "통곡의 벽"이라고 불린다. (그러나 일부 학자들은 솔로몬 성전이 지금 이슬람의 황금돔이라고 불리는 오마르 사원이 있는 자리가 아닌 기혼샘 아래에 있는 다윗성이라고 불리는 자리라고 생각한다. 따라서 이 통곡의 벽은 성전 벽이 아니며, 돌 위에 돌 하나도 남지 않고 다 무너뜨릴 것이라는 말씀이 문자 그대로 이루어졌다고 보고 있다.)

현대 유대인들은 이 성전이 파괴된 날도 기념일로 지킨다. 바로 "티샤베아브"(Tisha Be'Av)라는 절기인데, 유대력 아브월 9일(양력으로는 7-8월 경)에 있다. 이날은 디도 장군이 헤롯 성전을 파괴한 일을 회상하며 회개하는 날로서, 이 절기가 되면 전후 3주간은 결혼식이나 파티를 하지 않고 당일에는 대속죄일처럼 모든 유대인이 통곡의 벽에 모여 예레미야애가를 읽으면서 금식하며 회개 집회를 한다.

그런데 유대 역사가 요세푸스에 따르면, 그날이 솔로몬의 제1 성전이 느부갓네살에게 파괴된 날짜와 똑같다고 한다. 두 개의 성전이 파괴된 날이 동일한 아브월 9일이란 사실(요세푸스는 10일로 기록하고 있지만,

일반적으로는 9일로 통하고 있다. 이 차이는 유대인의 날짜 계산법과 태양력의 날짜 계산법의 차이에서 비롯된 것으로 보인다.)이 너무나 신기하지 않은가?

로마의 디도 장군은 원래 성전을 파괴할 의사가 없었다고 한다. 유대 역사가 요세푸스에 따르면, A.D. 70년에 일어난 유대 1차 반란 때에 전세가 불리해지자 유대군은 성전 본당으로 들어가서 마지막으로 결사적으로 항전했다. 로마의 디도 장군도 성전의 장엄함에 매료되어서 군사들에게 건물과 기물을 절대 훼손하지 말고 적군만 죽이라는 엄명을 내렸다. 그러나 야간 전투가 격렬히 벌어졌던 날, 한 로마군 병사가 성전으로 통하는 통로의 창에 불을 질렀다. 들고 있던 횃불에 성전 휘장이 불붙었고 불을 보고 흥분한 로마 병사들이 성전 곳곳에 불을 질렀다. 디도 장군이 나서서 불을 끄라고 지시했지만 병사들은 너무나도 흥분되어 있었고, 전투가 너무나도 격렬했던지라 이 소리를 제대로 듣지 못했다. 바로 그날 성전은 디도의 제지에도 불구하고 완전히 파괴되고 말았다. 그리고 그들은 또다시 전 세계로 흩어져 나라 잃은 민족이 되어야 했다.[20]

어느 누가 의도한 것이 아니었지만, 결과적으로는 1차 성전 파괴가 일어난 것과 똑같은 날에 똑같은 방식으로 제2 성전도 파괴되었다. 그리고 유대인들은 나라 잃은 사람들이 되어 타국을 떠돌게 된 그 결과도 똑같이 이루어졌다. 이것은 무엇을 의미하는가? 이 성전 파괴는 바로 하나님 말씀을 거역한 사람들에 대한 하나님의 채찍이었다는 것이다.

성경의 이런 역사는 우리 역사를 해석하는 열쇠가 된다. 하나님은

---

20 요세푸스,『요세푸스 III』, 김지찬 역, (서울: 생명의말씀사, 1987), 578-579.

성전을 너무나도 거룩하게 생각하고 사랑하시지만, 사람들이 하나님을 버리고 불순종할 때에는 하나님은 그 성전이라도 스스로 던져버리셨다. 이런 일이 오늘날 우리 한국 교회에도 그대로 일어났다. 하나님은 한국 교회를 너무나 사랑하시고 한국 교회에 많은 은혜를 주셨지만, 그러나 한국 교회가 하나님을 버리고 우상숭배를 할 때는 그 교회에 채찍을 내리셨다.

앞에서 본 것처럼, 한국 교회는 총회가 앞장서서 신사참배를 시행하였고, 신사참배를 반대하는 자들을 오히려 고발하거나 탄압하였다. 그리고 천황이나 천조대신을 여호와 하나님보다 더 높다고 고백하고 신도침례를 받은 후, 일본의 신들에게 경배하였다. 그러기를 무려 8년간이나 계속하였다. 하나님이 어찌 이런 일들을 그냥 두시겠는가?

하나님은 이 한국 교회의 이 배도 행위들에 대해 채찍을 드셨는데, 그것이 바로 남북 분단과 북한의 공산화이다. 1945년 8월 15일, 우리 민족은 일제 식민 지배로부터 해방되었다. 그러나 해방의 기쁨도 잠시, 남과 북은 38도선을 기준으로 분단이 되었고, 남한에는 미군이, 북한에는 소련군이 진주하였다. 그리고 1948년 8월 15일에는 이승만을 대통령으로 하는 대한민국 정부가 그리고 1948년 9월 9일에는 김일성을 중심으로 하는 조선민주주의인민공화국이 각각 남한과 북한에서 수립되었다. 이후 1950년 6월 25일부터 1953년 7월 27일까지 3년 동안 남북전쟁을 치르면서 동족상잔의 아픔을 경험하게 되었다. 그리고 그 이후로 지금까지 남북이 분단되어 서로 대치하고 있다.

필자는 이 모든 것이 하나님의 섭리이며, 거기에는 신사참배 죄에 대한 하나님의 채찍이라는 의미가 들어 있다고 믿는다. 물론 인간의 역사에서 하나님의 뜻을 정확히 읽기는 대단히 어렵다. 짧은 인간의 이해력으로 전능하신 하나님의 뜻을 이해하기는 대단히 어렵기 때문이다. 이 때문에 어떤 사람들은 우리가 정확히 알 수 없는 것들에 대해서는 말하지 말아야 한다고 주장한다. 확실히 우리가 어떤 역사적 현상 뒤에 있는 하나님의 뜻을 분별하는 일은 극히 조심해야 하는 것은 분명하다.

그러나 그렇다고 이런 일이 전혀 불가능하다거나 그런 시도를 포기해야 한다고는 생각하지 않는다. 만일 이런 것들이 전혀 불가능하다면, 어떤 재림의 징조를 통해 예수님의 재림이 가까웠다는 것을 분별하는 것 자체가 불가능하며 그런 시도 자체를 포기해야 한다. 주님께서는 그날과 그때는 아무도 알 수 없다고 하셨지만 동시에 여러 가지 재림의 징조를 보거든 주님의 재림이 문 앞에 이른 줄 알라고 하셨다(마 24:33). 이것은 여러 가지 역사적 현상 속에 포함되어 있는 하나님의 섭리를 읽으라는 의미이다. 또 다니엘은 역사 속에서 바로 그 하나님의 섭리를 이해했기에 회개 기도를 드릴 수 있었다.

그렇다면 우리 역시 거대한 민족적 고난 앞에서 그 안에 포함되어 있을지도 모르는 하나님의 섭리를 읽으려고 노력해야 하지 않겠는가? 우리 민족이 남북 분단이라는 큰 시련을 겪게 된 것도 바로 우리의 죄 때문은 아닐까? 만일 이 전제가 설득력이 있다면 남북 분단을 낳게 한 우리의 죄가 무엇일까? 아무리 생각해도 신사참배라는 죄만큼 큰 죄는 없다.

북한 정권이 수립된 날이 1948년 9월 9일이다. 북한에서는 지금도 이날을 9·9절로 기념한다. 그런데 이날은 정확하게 신사참배를 결정하기 위해 장로교 총회가 모인 날(1938년 9월 9일)로부터 정확하게 10년이 되는 날이다. 이것이 우연일까?

그리고 이로부터 다시 10년이 지난 1958년 주민 성분 조사 사업을 통한 교회 말살 정책이 실시된다. 이로써 그나마 잔존하던 북한의 교회는 지상에서 완전히 사라지게 되었다.[21] 이것이 우연일까?

이스라엘의 제1 성전과 제2 성전이 같은 이유에 의해 같은 날 파괴된 것이 우연이 아닌 것처럼, 1948년 9월 9일에 북한 정권이 수립된 것도 결코 우연이 아니다. 그것은 정확히 10년 전인 1938년 9월 9일 장로교 총회에서 신사참배를 결의한 것과 연결되어 있다.

게다가 1907년 평양 대부흥이 일어난 평양 장대현교회도 마침내 문을 닫게 되었다. 장대현교회가 어떤 교회인가? 토마스 선교사의 순교를 통해 세워진 교회(널다리골교회)요, 1907년 평양 대부흥 운동이 일어난 교회이며, 평양 주민들의 영적 구심점 역할을 한 교회이다. 이 장대현교회는 사무엘 마펫(마포삼열) 선교사에 의해 평양 중심부에 있는 장대재 언덕에 세워졌다. 그러나 이 성스러운 장대재 언덕은 공산 정권이 들어선 후 '만수대'라고 개명되었다. 그리고 여기에 지금 저 유명한 김일성 동상이 서 있다. 1972년에 북한 정권은 김일성의 60회 생일을 기념하여 20m 높이의 초대형 동상을 건립했다. 신사참배를 통해 일본의 우상들에게 절했던 그 자리에 이제는 새로운 우상인 김일성 동상이 서 있는 것이다. 이것도 우연일까?

솔로몬은 아름다운 성전을 봉헌하여 하나님이 내려주신 복을 받았지만 말기에는 그 은혜를 저버리고 우상숭배에 빠지고 말았다. 그러자

---

21 1950년 북한조선중앙통신사가 발행한 「조선중앙년감」에 따르면, 해방 직후 북한에는 약 20만 명의 성도와 908명의 목회자 그리고 2천여 개의 교회가 있었던 것으로 알려진다.

하나님께서는 진노하시면서 통일 이스라엘 왕국을 북이스라엘과 남유다로 나누어 버리셨다.

　마찬가지로 오늘 한국 교회 역시 신사참배라는 우상숭배 죄를 저지르자 하나님께서는 우리 민족을 남한과 북한으로 나누어 버리셨다. 하나님은 한국 교회가 신사참배하기로 결의한 날로부터 정확히 10년 후에 북한 지역을 원수의 손에 넘겨주셨다. 그리고 20년 후에는 공식적으로 북한 땅에 있는 교회의 문을 닫으셨다. 하나님께서 스스로 그 성전을 던져버리신 것이다. 그리고 70여 년이 지난 지금까지도 북한 땅을 영적으로 황무하게 하셨다. 물론 하나님께서 그루터기를 남겨 두셔서 지금도 지하에서 성도들의 예배가 이어져 오고 있다. 그러나 지상에서의 교회는 완전히 문을 닫았다. 이것이 남북 분단을 신사참배 죄에 대한 하나님의 징계일 가능성을 높게 보는 이유다.

　실제로 이런 역사 인식은 신사참배의 죄를 통회하는 사람들에게 공통적으로 나타나고 있다. 1954년 안동에서 열렸던 제39회 장로교 총회에서 36회 총회장이었던 권연호 목사는 이렇게 대표 기도를 하였다.

　"우리들이 저지른 저 무서운 신사참배 죄로 인하여 이 땅에 무서운 전란이 왔고, 이 민족, 내 백성들이 수없이 피와 살을 쏟고 찢기었나이다. 교회가 갈라지고 38선이 가로막히게 된 것이 이 죄과인 줄 확신하옵고, 하나님 앞에 책망을 받는 것이 마땅한 줄 아나이다. 주여 한국 총회가 모일 때마다 물고 찢고 싸움하고 교직자끼리 반목한 것이 이 죄로 인하여 생긴 것입니다." [22]

22　최덕성, 『한국 교회 친일파 전통』, (서울: 본문과 현장사이, 2000). 336-337.

또 2018년 10월 28일에 광화문 광장에서 열린 '신사참배 80년 회개 및 3·1 운동 100주년을 위한 한국 교회 일천 만 기도 대성회'에서 대회장 정서영 목사(세기총 대표회장)는 이렇게 기도하였다.

"한국 교회는 일제의 신사참배에 저항해 수많은 믿음의 선배들이 순교의 피를 흘렸으나 결국 무릎을 꿇는 과오를 범했고, 그로 인한 민족적 고난은 조국 광복 이후 참혹한 민족 상잔의 비극적 전쟁으로 이어졌습니다."[23]

이러한 기도는 모두 동족상잔의 민족적 고난이 신사참배의 죄에 대한 징계라는 인식이 반영된 것이다. 또 통일연구원 허문영 박사 역시 2015년 세계한인기독교총연합회주최로 열린 '한반도 평화 통일을 위한 뉴욕 포럼'에서 남북 분단을 신사참배 죄로 인한 것으로 진단했다. 그러므로 이러한 역사 인식은 필자만의 해석은 아니다.

그러나 여기서 새로운 의문이 하나 나온다. 하나님은 왜 하필 징계 대상으로 북한을 선택하셨을까? 하나님께서 신사참배에 대한 채찍을 드셨다면, 왜 남한이 아니고 북한이 그 대상이 되었을까? 북한은 오히려 더 복음화가 많이 이루어졌고, 평양은 한때 동방의 예루살렘이라고 불릴 정도로 기독교가 가장 왕성했던 지역이다.

---

23 『기독일보』, "'신사참배 회개' 넘어 '3·1정신'으로 연합하자", 2018. 10. 29.

도별 \ 내역	도내 인구 수	신도 수	백분율 (%)	교회 수	포교자 수
경 기 도	2,528,829	65,370	2.58	577	612
충 청 남 도	905,284	11,170	1.23	169	82
충 청 북 도	1,518,552	19,893	1.31	227	237
전 라 북 도	1,553,106	29,615	1.90	323	349
전 라 남 도	2,882,538	24,825	1.00	439	568
경 상 북 도	2,479,662	49,735	2.00	710	353
경 상 남 도	2,225,467	22,230	1.44	361	351
황 해 도	1,695,868	54,947	3.24	568	343
평 안 남 도	1,507,579	75,229	5.25	739	478
평 안 북 도	1,648,041	85,822	5.20	536	706
강 원 도	1,566,375	13,570	0.86	273	130
함 경 남 도	662,369	19,987	1.20	247	201
함 경 북 도	860,191	14,449	1.68	116	120
합 계	22,633,751	500,842	2.21	5,185	4,529

이 통계를 보면 황해도, 평안남도, 평안북도 지역이 기독교인의 절
대숫자 뿐 아니라 복음화율에 있어서도 타 지역을 압도한다는 것을 알
수 있다. 특히 평안남도(5.25%)와 평안북도(5.20%)의 복음화율은 타 지
역의 2-5배에 달하는 것을 알 수 있다. 그만큼 평양을 중심으로 한 평
안남북도 일대의 기독교 교세가 왕성했다.

그뿐 아니라 그 지역에서 기독교를 배경으로 한 민족 지도자들이나
각 분야의 지도자도 많이 배출되었다. 도산 안창호나 고당 조만식과 같
은 민족의 지도자들, 또 바이올리니스트 계정식, 성악가 김천애, 작곡

---

24 손정목, 앞의 글, 284.

가 김동진과 같은 음악 예술가들 그리고 주요한·주요섭·주영섭과 같은 문학가들이 대부분 기독교를 배경으로 하여 이 분야에 두각을 나타내었다고 할 수 있다.

그런데도 하나님께서는 이 지역을 공산당의 손에 떨어지도록 하셨다. 왜 그럴까? 이 질문도 우리가 정확한 하나님의 뜻을 알 수 없지만, 성경의 원리를 토대로 그 답을 추정해 볼 때, 하나님을 더 잘 믿고 더 순종해야 할 사람들이 오히려 하나님의 명령을 앞장서서 어겼기에 하나님은 이런 징계를 북한에 내리신 것이라 생각된다.

구약성경을 보면, 하나님은 하나님을 알지 못하는 이방인들이 우상 숭배하는 것에 대해서는 그렇게 직접 관여하지 않으셨다. 그들은 처음부터 내버려진 민족이기 때문이다. 로마서 1장 28절의 말씀처럼, "그들이 마음에 하나님 두기를 싫어하매 하나님께서 그들을 그 상실한 마음대로 내버려 두사 합당하지 못한 일을 하게 하신" 것이다.

그런데 하나님은 하나님의 백성이 이런 어그러진 길을 갈 때에는 그것을 내버려 두지 않으신다. 왜냐하면 사랑하는 아들을 징계해서라도 다시금 돌아오게 하기 위함이다. 하나님께서는 사사기 시대에 이스라엘 민족이 범죄했을 때, 여러 이방 민족을 드셔서 이스라엘 민족을 징계하셨다. 그래서 그 고통을 통해서 죄를 깨닫고 다시금 주께로 돌아오게 하셨다. 또 유다 말기에는 바벨론이라는 나라를 드셔서 그들을 징계하시며 70년 동안 바벨론의 포로 생활을 하도록 하셨다. 결국 이스라엘 민족은 70년 포로기 동안 그 죄를 깨닫고 다시 돌아와 성전을 재건하고 여호와 하나님에 대한 올바른 신앙을 회복하였다.

이것은 우리 민족에게도 마찬가지라고 믿는다. 하나님은 우리 민족을 사랑하셔서 주님의 복음을 전해 주셨고 큰 복을 함께 주셨다. 특별히 평양을 중심으로 한 이북지역에는 더 일찍부터 복음을 주시고 더 큰 부흥의 은혜를 내려 주셨다. 하나님은 이렇게 이 지역에 더 많은 은혜를 주심으로써 이 지역에 더 많은 열매를 기대하셨을 것이다.

그런데 이 지역 교회들이 맺은 열매는 아주 나쁜 것들이었다. 오히려 신사참배 죄를 앞장서서 저지르고 배도를 앞장서서 저지른 교회가 되고 말았다. 전국 23개 노회 가운데서 가장 먼저 신사참배를 결의한 노회가 어디인가? 가장 교세가 컸던 평북노회였다. 1938년 2월 3일부터 선천읍남 예배당에서 열린 제53회 평북노회에서는 신사참배는 종교행위가 아니라 국가의례라는 결의를 하였다. 전국에서 가장 큰 교세를 가졌던 평북노회가 굴복하자, 뒤이어 총회 산하 전국 23개 노회 중 17개 노회가 신사참배를 결의하게 되었다.

뿐만 아니라 1938년 장로교 총회가 열리기 2주 전인 8월 24일에는 평양노회 대표 목사, 장로 59명이 평양경찰서의 지시로 경찰서에서 간담회를 열고는 다음과 같은 선언문을 도내 30만 장로교 신도들에게 발송하였다.

"선언문. 신사는 국가 공연의 시설이요 종교가 아니므로 신사참배는 기독교리에 배치되지 아니할 뿐만 아니라 초비상시 국가 총동원의 추에 당하여 국민으로서 당연히 참여할 것을 확인하여 자에 선언함. 소화 13년 8월 24일. 평양예수교장로회 교역자 일동." [25]

---

25 『동아일보』, 1938. 8. 27.

그리고 25일에는 대표 21명이 평양신사에 참배하였다.

평양 숭의여중의 오문환은 1938년 4월 평양기독교친목회를 조직하고 회장이 되었으며, 신사참배 지지와 선교사 배척을 주장했다. 9월 총회의 신사참배 결의가 이루어지자 그는 12월에 평양지역의 유력한 목사와 장로 등 12명을 인솔하고 북중국 지역의 일본군을 위문했다.[26]

그리고 1938년 9월 9일, 제27회 장로교 총회에서 신사참배를 가결했을 때 그 결의를 주도한 사람들은 모두 평안남북도를 중심으로 한 이북의 목회자들이었다. 평양노회장 박응률 목사가 평양·평서·안주노회 35명 노회원을 대표해 신사참배에 찬성한다는 '긴급 동의안'을 제출하였고, 평서노회장 박임현 목사가 동의하고 안주노회장 길인섭 목사가 재청했다. 게다가 이날 사회를 맡은 총회장 홍택기 목사 역시 평북노회 소속이었다. 물론 북한지역에도 주기철 목사나 이기선 목사와 같은 철저한 신사참배 반대자들도 있었으나 신사참배를 주도하는 이들이 훨씬 더 많았다.

이러니 하나님께서 이 지역의 교회들에게 더 큰 징계를 내리시지 않겠는가? 하나님께서는 더 많은 은혜를 주신 사람들에게는 더 많은 책임도 물으신다.

> 많이 받은 자에게는 많이 요구할 것이요 많이 맡은 자에게는 많이 달라 할 것이니라(눅 12:48).

더 많은 하나님의 사랑과 은혜를 받은 교회들이 오히려 앞장서서 하

---

26 옥성득, 앞의 글.

나님을 배신하니 하나님께서 이 지역에 대해 더 큰 진노의 잔을 쏟으신 것이리라.

이후 북한지역 성도들은 공산 정권 치하에서 바벨론 포로기의 고통과 같은 고난을 당하게 되었다. 교회는 폐쇄되었고, 재산은 몰수되었고, 성도들은 고발되어 감옥에 갇히거나 요덕수용소에 보내졌고 그 가운데 많은 사람이 순교하였다. 지금도 저 북한에서는 순교자의 피가 흐르고 있다. 국제 기독교 박해 감시단체인 '오픈 도어즈'(Open Doors)가 발표한 '2020 세계 기독교 감시 목록'에서, 북한은 19년째 세계 최악의 종교 박해 국가로 선정되었다. 오픈 도어즈는 북한 내 기독교인이 30만 명에 이를 것으로 추정하면서 그중 6만여 명이 단지 성경을 소지하고 있거나 종교에 대해 얘기했다는 이유로 강제 노동 수용소에 갇힌 것으로 파악됐다고 밝히고 있다.[27] 그 극심한 탄압 가운데서도 하나님은 그 루터기를 남겨 두신 것이다.

그러나 하나님은 북한 성도들과 교회를 이런 상태로 영원히 두시지 않을 것이다. 이스라엘 민족이 70년 만에 바벨론 포로에서 해방되었듯이, 언젠가는 저 북한 성도들도 반드시 해방될 것이다. 하나님은 이미 신사참배를 강요하고 악랄한 탄압을 가했던 일본 제국주의 정부를 심판하시고 우리 민족을 해방시켜 주셨다. 마찬가지로 교회를 탄압하고 김일성, 김정일, 김정은을 우상화시키는 저 북한 공산 정권을 심판하시고 북한을 해방시켜 주실 날이 반드시 올 것이다. 필자는 바로 그때가 다가오고 있음을 확신한다.

---

27 https://www.voakorea.com/korea/korea-politics/5247198

5장

신사참배
반대자

일제는 신사참배 문제를 절대 양보할 수 없는 국가적 정체성으로 인식하여 기독교인들에게 강요하였기에, 기독교인들도 이 문제에 대해 분명한 입장을 선택하지 않으면 안되었다. 이 문제에 관한 한 중립이 있을 수 없었다. 그런데 문제는, 앞에서 살펴본 것처럼, 1930년대 후반에서 1945년까지 신사참배가 강요되었을 때에 한국 기독교계의 입장이 통일되지 못했다는 사실이다. 선교사의 입장과 한국 교계 지도자들의 입장이 달랐고, 선교사들 안에서의 입장도 각기 달랐으며, 또한 각 교단끼리의 생각도 달랐고, 같은 교단 안에서의 견해도 달랐다. 지금 돌이켜 보면, 이 점이 가장 아쉬운 대목이라 아니할 수 없다.

　역사에는 '만일'이라는 것은 없다지만, 만일 모든 기독교인이 다 같이 합심하여 끝까지 반대하였더라면 어떻게 되었을까? 우리 한국 기독교의 역사와 나아가서는 대한민국의 역사가 좀 달라지지 않았을까? 설령 역사에는 큰 변화가 없었다 하더라도 적어도 하나님 앞에서 부끄러운 교회는 되지 않았을 것이다.

신사참배 문제와 관련된 당시 교회 지도자들의 입장은 대략 네 가지로 나누어 볼 수 있다.

1) 적극적인 찬성: 신사참배를 적극적으로 수용할 뿐 아니라 나아가서 이것을 앞장서서 추진하는 입장.
2) 소극적 찬성: 일제의 강요에 굴종하여 마지못해 신사참배를 수용하고 따라가는 입장.
3) 소극적 반대: 신사참배에 앞장서서 투쟁하기보다는 초야에 묻혀 개인의 신앙 지조를 지키겠다는 입장.
4) 적극적 반대: 목숨 걸고 신사참배에 반대 운동을 펼치는 입장.

이 네 가지 부류 가운데서 가장 안타까운 부류는 신사참배를 적극적으로 찬성한 사람들이다. 그들은 강압에 의해 마지못해 수용한 것이 아니라 자발적으로 앞장서서 신사참배를 추진하였다. 그러나 더 안타까운 것은 이들 가운데 한때는 독립 운동에 앞장서고 기독교 진리에 큰 공헌을 했다가 후에 변절하여 신사참배와 친일 운동에 앞장선 사람도 많았다는 사실이다.

괴산의 남기종과 박규호는 한때 신사참배에 대해 강경하게 반대하였던 인물이었다. 그러다가 체포되어 고문당한 끝에 전향하여 '황국신민으로서의 핵심을 관철하는' 것을 목적으로 하는 '기독교황도선양연맹'을 결성하였으며, 함께 전향하였던 유형기는 '시국대응전선 사상보국연맹'이나 '황도문화관'의 임원이 되어 활동할 것을 요구받았다. 또 수양 동우회 사건으로 검거된 바 있었던 정영도는 이후 전향하여 미국에 있을 때 알게 된 친구, 주지사, 상하 양원 의원 등에게 '중일전쟁 성전 선전문'을 자비로 4,776통이나 우송하였다. 또 3·1 독립 선언서 서명 33인 가운데 한 사람이었던 박희도는 1939년 「동양지광」이라는 잡지를 창간하고 황국신민화 정책에 동조하는 글을 싣기도 했다. 또 흥업 구락부 사건에 연루되었던 전 YMCA 총무 신흥우는 전향하여 천황 폐하에게 충성스러운 것이 조선인 기독교도에게 주어진 신의 명령이라고 주장하였다. 또 독립협회의 회장을 지내기도 하고, 105인 사건에 연루되어 6년간의 옥고를 치르기도 했던 윤치호는 말년에 일제에 협력하여 '국민정신총동원조선연맹'에서 활동하기도 했다. 또 상해 임시 정부 의정원 부의장을 지냈고 후에 수양 동우회 사건으로 구속되기도 했던 정인과 역시 후에 친일단체인 '국민정신총동원조선연맹'에서 활동하였다.[1]

이와 같은 사례들이 적지 않지만 가장 극단적인 경우는 감리교의 통리를 지낸 정춘수 목사다. 정춘수는 3·1 독립 선언서 서명 33인의 한 명으로 참여했다가 옥고를 치를 만큼 초창기에는 강한 항일 의지를 지닌 인물이었다. 그는 1927년 좌우익 연합 단일 민족 운동으로 신간회가 창설될 때도 이상재, 조만식, 김활란 등과 함께 '기독교측' 창립 발기인으로 참여하기도 했으며, 1938년 5월 흥업 구락부 사건으로 검속되기도 했었다. 그러나 일제의 고문과 회유에 굴복하여 "사상 전향 성명서"를 발표하고 석방된 후부터 변했다. 그는 너무나 극단적으로 변하여 배교와 친일의 길을 걸었다.

---

1 한석희, 앞의 글, 78-79 참조.

1940년부터 정춘수는 감리교의 통리가 되자 제일 먼저 일본 도쿄로 가서 일본 감리교 대표자들과 회합하여 양국 감리교회 합동 문제를 논의하였다. 그 이후 그는 총리원(지금의 감리회 본부) 이사회를 열어 일본 기독교로 '혁신'하라는 '혁신안'을 발표하였다. 이는 미국 선교사들의 영향력을 배제시키고 한국 교회를 일본화시키려는 방안이었다. 그 혁신안에는 성경에서 구약을 배제시키고 신약에서도 유대교 영향이 강한 책들을 배제시키는 내용이 포함되었다. 또 찬송가도 천황숭배와 일본 신도의 사상에 부합하도록 개편하였다. 이 혁신안은 도가 너무나 지나칠 정도로 급진적이고 친일적이어서, 신사참배 결의를 주도한 양주삼 전 총리사와 같은 사람들조차도 반대하였고, 결국 1941년에 열린 임시총회에서 부결되었다. 그러나 정춘수는 특별 총회를 열어, 일본 경찰을 동원하여 반대파들의 입장을 막고 혁신안을 강제로 통과시켰다. 이로써 '기독교조선감리회'는 해산되었고 '기독교조선감리교단'이 되어 일본 기독교회 산하에 들어가게 되었다. 이후에도 그는 교회 종을 헌납하거나 애국 헌금을 통해 비행기 3대를 헌납하는 등 친일적 행위에 앞장섰다. 결국 그는 해방 후 지나친 친일 행적 때문에 교내외적으로 비판이 가해지자 개신교 신앙을 버리고 천주교로 개종하였다.[2]

그러나 우리 한국 교회에는 이런 사람들만 있었던 것은 아니다. 감사한 것은 여러 가지 불이익을 감수하고 끝까지 신앙의 절개를 지키기 위해서 노력한 분도 많다는 것이다. 그 가운데 적극적으로 반대 운동을 하신 분들도 있고, 소극적이지만 신앙을 지키려고 하신 분들도 있다.

---

2   이덕주, 앞의 글, http://www.newsnjoy.or.kr/news/articleView.html?idxno=27103

우리가 '신사참배 반대' 하면 적극적으로 반대 운동을 하신 분들을 먼저 생각하는데, 그러나 소극적이지만 신앙의 절개를 지키려고 했던 분들도 있기에 이들도 잠시 소개하겠다.

소극적인 신사반대 운동 가운데 가장 대표적인 것은 미션스쿨을 운영하던 선교사들이 학교에서 학생들에게 신사참배를 시킬 수 없기에 교육 사업에서 손을 뗀 일을 들 수 있다. 이들은 신앙의 원리를 어기면서까지 교육 사업하는 것을 반대했기에 결국 학교 문을 닫거나 혹은 학교를 다른 재단에 넘기기도 했다. 이것도 신사참배 강요에 저항한 한 방법이었기에 소극적 불참배 운동이라고 할 수 있다.

그런가 하면 어떤 교역자들은 신앙의 절개를 지키기 위해 교역에서 은퇴하기도 하였고, 또 어떤 사람들은 신사참배 강요를 피해 시골과 같은 곳에 도피하기도 했다. 이에 따라 여러 곳에 도피처가 생기기도 했는데, 그 가운데 대표적인 곳이 이만집 목사가 세운 금강산 수양관이다. 이만집 목사는 대구에서 3·1 운동을 주도하다 3년 징역형을 받은 적도 있었는데, 말년에 은퇴하여 금강산에 수양관을 세우고 신사참배를 피해 온 사람들에게 피난처를 제공하였다.

그리고 평양신학교의 남궁 혁, 박형룡 두 교수는 신사참배를 피해 외국으로 망명가기도 했고, 또 전남지방의 도암의 성자라고 일컬어지는 이현필 선생과 같은 사람은 사회와의 관계를 끊고 산속에서 신앙 공동체를 형성하면서 신사참배에 불참하였다. 이 외에도 지하에 숨어서 신사참배에 불참한 사람들도 있었는데, 이런 것들은 모두 소극적으로 저항한 경우라 할 수 있다.[3]

---

3   김남식, "신사참배 수난 후 한국 교회 재건 양태 연구", 『신학지남』 70(2), 2003.6. 342.

그러나 또 한편에서는 목숨을 걸고 적극적으로 신사참배에 반대 운동을 한 분도 많이 계셨다. 이 분들 가운데는 옥중에서 순교하신 분들도 있었고, 끝까지 살아남았다가 출옥하신 분들도 있었다. 바로 이분들의 고난과 순교의 피가 있었기에 오늘날 한국 교회가 서 있다. 이제부터 적극적인 신사참배 반대 운동을 펼친 분들에 대해 살펴보자.

1. 신사참배 반대 운동

일제 강점기 하에서 대부분의 기독교 지도자들과 성도들은 타의든, 자의든 신사참배와 친일적 정책에 협력하였다. 그렇지 않았다면 당시에는 투옥되거나 교회가 폐쇄되어야 했기 때문이다. 그러나 베임당한 나무에도 그루터기가 남아 있듯이 일제의 모진 탄압에도 불구하고 신사참배를 거부하거나 반대한 사람들도 있었다. 하나님께서 엘리야 시대에 바알에게 무릎 꿇지 않은 7천 명을 남겨 두신 것처럼, 일제 강점기에도 신사참배에 무릎 꿇지 않은 의인들을 남겨 두셨다. 이들의 숫자도 적지 않으나, 여기에서는 중요한 사건이나 중요 인물들만 개략적으로 살펴보기로 하자.

1) 천황 '어진영'(御眞影) 배례 거부 사건

신사참배에 반대했다가 고난을 당한 가장 오래된 기록은 105인 사건에서 유죄판결을 받은 어떤 무명의 기독교인이라 볼 수 있다. 105인 사건이라 함은 1911년에 독립군 자금을 모집하던 안명근 체포 사건을 1910년의 데라우치 총독 암살 미수 사건으로 누명을 씌워서 평안도 일대의 배일 기독교인들과 신민 회원을 다수 체포한 사건을 말한다. 이 사건으로 실형을 선고 받은 인물이 105인이기 때문에 신민회 사건은 105인 사건이라고 불리게 되었다. 그런데 이 사건에서 유죄 선고를 받은 한 피고의 죄목 가운데 이런 내용이 포함되어 있었다.

> "정주 신안학교의 교무주임으로 … 일본 천황의 최초의 천장절 집회에서 천황의 어진영 앞에서 예배하는 것을 우상숭배 행위라 하여 거절한 단체의 가장 완강한 분자이다."

이 사람은 이 항목만으로 유죄가 입증되어 7년 형을 선고받았다. 이 사건은 천황숭배를 거부하다가 형을 받은 최초의 사건 기록이라 할 수 있다.[4]

2) 강경보통학교 학생들의 신사참배 거부 사건

일제는 사립학교보다는 공립학교에서부터 신사참배 강요를 시작하였는데, 이에 대한 거부 사건이 강경보통학교에서 일어났다. 1924년 10월 강경공립보통학교에서는 학교의 연례 행사로 그 지역 강경신사 예제일(例祭日)에 학생들을 강제로 동원하여 신사에 참배하도록 하였는데, 당시 강경성결교회 성도였던 김복희 교사와 기독교를 믿는 학생 26명이 당일 행사에 결석하고, 또 그 자리에 참석하였던 40여 명은 신사참배를 거부하는 일이 일어났다. 이들 가운데 대부분은 강경성결교회 주일 학생들이었고 소수가 천주교 신자였다. 이 사건이 사회문제화

---

4   한석희, 앞의 글, 45.

되면서 「기독신보」는 물론이고 「조선일보」, 「동아일보」 등의 신문에서도 기사화되었다. 특별히 「동아일보」는 1925년 3월 18일 사설에서 일본의 조상 숭배를 신사에 대한 이해도 없는 한국인 아동들에게 강요하는 것은 옳지 못함을 논리정연하게 지적하였다. 그러나 당국은 학부형까지 동원하여 설득시키려 하였고, 김복희 교사와 7명의 학생이 끝까지 거부하자 결국 김복희 교사를 면직하고, 7명의 학생에게는 퇴학 처분을 내렸다. 이 사건은 한국에서 신사참배가 최초로 사회문제화되었을 뿐 아니라 공식적으로 신사참배를 거부한 최초의 사건이라는 점에서 중요한 의미가 있다고 할 수 있다.

강경성결교회 최초 신사참배 거부 선도기념비 (제막식 2006.9.20.)

3) 경남노회에서의 신사참배 거부안 결의

주기철 목사가 부산 초량교회에서 시무하던 시절, 1931년에 경남노회에 신사참배 거절안을 제출하여 가결시켰다. (혹자는 이 문제에 대해 1929년에는 신사참배에 반대하는 발언을 하고, 결의안은 1931년 노회에서 가결시켰다고 본다.) 이 사실이 「부산일보」에 보도되었을 뿐 아니라 크게 비판 사설을 실음으로써 일본 조야에 큰 충격을 주었다고 한다. 주기철 목사의 주도로 경남노회가 최초로 신사참배 거부 결의를 했다는 이 이론은 김인서의 『일사각오 주기철 목사』라는 책에서 주장되었는데, 이후 민경배 등 여러 학자가 그 주장을 받아들이고 있다. 만일 이 주장이 사실이라면, 이것은 한국 교회가 최초로 신사참배를 거부한 결의라고 할 수 있다. 그리고 주기철 목사의 신사참배 반대는 이때부터 시작되었다고 볼 수 있다. 그러나 이것은 다소 논란이 있는 것이 사실이다. 이만열 교수는 경남노회록에 그런 기록이 없다는 사실을 들어 이 이론을 반대하고 있다.[5]

4) 평양신학교의 저항

일제는 1938년 9월 장로교 총회를 앞두고 먼저 각 노회에게 압력을 가해 신사참배 결의를 강요하였다. 그러자 일제의 협박과 회유에 견디지 못하고, 장로교 노회들 가운데 가장 큰 교세를 자랑했던 평북노회가 1938년 2월 9일에 가장 먼저 신사참배를 결의하였다. 그러자 이 소식에 격분한 평북노회 소속 신학생 장홍련이 평양신학교 교정에 있던 평

---

5   이에 대해서는 이만열의 논문, "주기철 목사의 신앙, 평양 이전의 생애를 중심으로"를 참고할 것.

북노회장 김일선이 심은 기념식수를 베어버리는 사건이 일어났다. 이 사건이 도화선이 되어 타 노회 소속 신학생들이 결속하여 아직 신사참 배를 결정하지 아니한 노회들에 대하여 신사 불참배 운동을 전개하려 하였다. 그러자 그 정보를 탐지한 평양경찰서는 박형룡, 김인준 교수를 불구속 심문하고 신학생 다수를 투옥했다. 그리고 전혀 혐의가 없는 주 기철 목사를 이 사건을 배후 조종한 인물로 구속시켰다. 그때 한창선, 장홍련, 장윤성, 지형순, 조윤승, 장윤홍, 김양선, 안광국 등이 검속당 하였고, 학생 중에서 학교를 자퇴한 이도 많았다.

평양신학교는 남북장로교선교회와 호주장로교선교회의 영향으로 신사참배에 대해 처음부터 반대하는 입장을 취했는데, 한국 장로교 총 회가 1938년 9월 10일 신사참배를 결의하자, 선교사들은 열흘 뒤인 9 월 20일부터 개강 예정으로 있던 것을 무기 휴교하였다. 신사참배를 결 의한 총회의 교육기관으로 더 이상 신학교를 유지할 수 없다는 것이 그 이유였다. 그러고 나서 평양신학교는 다시 개교하지 못하고 사실상 폐 교되고 말았다. 그러나 이 사건은 신사참배 결의 이후 이에 대한 최초 의 조직적인 저항이라고 할 수 있다.

5) 신사참배 반대 운동

1938년 이후 한국의 모든 교단이 신사참배에 굴복했으나, 모든 사람 들이 다 이에 굴복한 것은 아니었다. 오히려 신사참배에 반대하는 교역 자와 신도들은 서로 연대하여 조직적이며 집단적인 저항 운동을 전개 하기 시작하였다. 이들은 일제의 강요에 굴복하여 신사참배를 시행한 제도권 교회를 비판하면서 신사참배를 거부한 사람들끼리 결속을 강화 함과 동시에 신자들에게도 신사참배 거부를 권유하였다. 그들은 지역적으로도 골고루 분포되어 있었는데, 중심인물은 평안남도의 주기철(朱基徹), 평안북도의 이기선(李基善), 경상남도의 한상동(韓尙東), 주남선(朱南善), 전라남도의 손양원(孫良源), 함경남도의 이계실(李桂實), 만주지역의 박의흠(朴義欽), 김형락(金瀅樂), 김윤섭(金允燮), 한부선 선교사 등이다. 그리고 이주원(李朱元) 전도사는 만주와 평양, 부산 등지로 왕래하면서 신사 불참배 운동의 실황과 정보를 전달하는 역할을 담당하였다.

이들은 1940년 3월경 안동에서 회합하여, 신사참배를 죽어도 반대할 것, 신사참배를 하는 학교에 자제들을 입학시키지 말 것, 세속화되어 신사참배를 하는 현 교회에 절대 출입하지 말 것, 신사 불참배 동지들끼리 가정예배를 드릴 것, 신앙 동지들을 확보해 신령한 교회 출현의 소지를 육성할 것 등을 협의·결정하고, 각 지역에서 이런 운동을 확산시켰다.[6]

특별히 1940년 4월, 주기철 목사가 석방되자, 한상동 목사는 평양으로 가서 만주의 운동자들과 먼저 신사 불참배 노회를 전국적으로 재건하자고 약속하였다. 그 다음날에는 채정민 목사의 집에서 주기철 목사를 중심으로 한 전국 신사불참배운동자 연합회의를 열고 신사참배하지 아니하는 노회를 재건하기로 결의하였다.

한편 이와 같이 불참배 운동을 전개하는 지도자들 뒤에는 이들을 위해서 물심양면으로 후원하는 선교사들이 있었다. 평양의 해밀톤(F. E. Hamilton, 함일돈)과 말스버리(D. R. Malsbury, 마두원) 선교사는 운동자금

---

6   김승태, "신사참배 거부 운동", 한국민족문화대백과사전.
     http://encykorea.aks.ac.kr/Contents/Item/E0033042

을 지원해 주었으며, 만주의 헌트(B. F. Hunt, 한부선) 선교사는 신사참배 반대 이유서를 인쇄 반포하는 등 만주지방의 신사 불참배 운동을 전적으로 지원하였다. 특히 헌트와 바이램(Roy M. Byram, 배의남) 선교사는 만주에서 신사참배를 반대하다 옥고를 치르기도 했다.[7]

이러한 움직임을 파악한 일제는 1940년 6월경부터 9월에 걸쳐 이들을 본격적으로 검속함으로써 이들은 광복될 때까지 옥고를 치러야 했다. 일제는 이들을 탄압하기 위해 1940년에 '기독교에 대한 지도 방침'을 발표하였고, 같은 해 9월 20일 새벽을 기해 '조선기독교 불온분자 일제 검거령'을 전국에 내렸다. 이에 따라 조용학(趙鏞學), 주기철, 최봉석(崔鳳奭), 최상림(崔尙林), 김윤섭, 박의흠, 권원호(權元浩), 김련(金鍊), 최태현(崔泰鉉), 이영한(李榮漢), 전치규(全穉珪), 박봉진(朴鳳鎭), 손갑전(?)등 수많은 순교자가 나왔다.

신사 불참배 운동에 참여한 지도자들의 지역 분포 및 명단을 정리하면 다음과 같다.

1. 평안북도
주도 인물: 이기선 목사

신의주: 김화준 전도사, 이광록 집사(후에 평양 이거), 김승룡 집사, 오영은 집사, 김창인 전도사, 심일철 전도사
강계: 고흥봉 목사, 서정환 전도사, 장두희 집사, 양대록 집사

---

7   최훈, "신사참배와 한국 재건교회의 역사적 연구", 김승태, 『한국 기독교와 신사참배 문제』, (서울: 한국기독교역사연구소, 1991), 118-119.

선천: 김린희 전도사, 김의홍 전도사, 박신근 집사, 김지성 전도사(후에 평양 이거), 이병희 집사(후에 평양 이거)

정주: 김형락 전도사(후에 안동 이거)

박천: 안이숙 선생(후에 평양 이거)

영변: 박관준 장로(후에 평양 이거)

2. 평안남도

주도 인물: 주기철 목사

평양: 채정민 목사, 김의창 목사, 이주원 목사, 오정모 집사(주기철 목사 부인), 방계성 전도사, 오윤선 전도사, 김지성 전도사, 박관준 장로, 안이숙 선생, 이병희 집사, 함일돈 선교사, 마두원 선교사, 이약신 목사

3. 경상남도

주도 인물: 한상동 목사

부산: 허대시 선교사, 추마전 선교사, 조수옥 전도사, 손명복 전도사, 김소년 집사, 박경애 집사

마산: 최덕지 전도사(후에 통영 이거), 태매시 선교사, 이찬수 전도사 (후에 평양 이거)

함안: 이현속 전도사

거창: 주남선 목사

남해: 최상림 목사

진주: 서덕기 선교사, 부오란 선교사, 황철도 전도사, 강문서 장로,
　　　이봉은 권사
하동: 박성근 목사, 김점룡 전도사
창녕: 한영원 전도사
통영: 최덕지 전도사
합천: 강찬규 집사
산청: 김여원 집사

4. 만주
주도 인물: 한부선 선교사

하얼빈: 김윤섭 집사(순교)
봉천: 박의흠 전도사(순교)
무순: 박연지 집사
안동: 김형락 전도사, 최용삼, 계성수, 김성심.

5. 전라남도
주도 인물: 손양원 목사[8]

조직적, 집단적 신사참배 거부 운동과는 달리, 이상과 같은 보다 규
모가 작거나 개인적 차원의 신사참배 거부 항쟁은 전국 어디서나 그 예

8　김양선, "신사참배 강요와 박해", 김승태, 『한국 기독교와 신사참배 문제』, (서울: 한국
　　기독교역사연구소, 1991), 40-41.

를 찾아볼 수 있다. 지역적으로는 전라남도의 황두연(黃斗淵), 양용근(梁龍根) 등과 전라북도의 배은희(裵恩希), 김가전(金嘉全), 충청남도의 정태희(鄭泰熙), 충청북도의 허성도(許聖道), 송용희(宋用熙), 경상남도의 조용학(趙鏞學), 황해도의 이종근(李鍾根), 박경구(朴敬求) 등이 있었고, 또한 교파적으로도 장로교는 물론, 감리교의 이영한(李榮漢), 강종근(姜鍾根), 권원호, 최인규, 양국주, 김선규, 신석구, 성결교의 박봉진(朴鳳鎭), 김연, 김호, 정태희, 김지봉, 김하석, 정재학, 최헌, 천세광, 김은규, 동아기독교(침례교의 전신)의 전치규(田穉珪)·김영관(金榮官), 안식교의 최태현 등이 있다.[9]

특별히 성결 교회는 그들이 강조한 4중 복음 가운데 재림 신앙이 천황을 중심으로 한 일본 제국주의의 이상과 배치된다는 이유로 극심한 탄압과 더불어 교단이 해체되었다. 그 와중에 많은 신도가 투옥되었고 김호, 김하석, 김지봉, 김은규 등은 순교하였다. 또 동아기독교 역시 신사참배와 궁성요배를 반대한 데다 재림 신앙으로 말미암아 32명의 지도자가 투옥, 고문당하였고, 교단 역시 1944년에 강제로 해체되고 말았다. 안식교 역시 재림 신앙으로 말미암아 자발적 해산 형식을 취했지만, 실제로는 강제로 해체되고 말았다.

일부 천주교 신자들도 교황청의 신사참배 허용 지시에도 불구하고 양심에 따라 참배를 거부해 수난을 당하기도 하였다.

---

9   김승태, 신사참배 거부 운동, 『한국민족대백과사전』.
     http://encykorea.aks.ac.kr/Contents/Item/E0033042

2. 대표적 신사참배 반대자들

여기서 신사참배에 가장 앞장서서 반대했다가 순교했거나 옥고를 치렀던 대표적인 인물들을 살펴보자.

1) 주기철 목사

신사참배 반대운동에 대해서는 주기철 목사를 빼놓고는 말할 수 없다. 주기철 목사는 1897년 11월 25일 경남 창원 웅천에서 출생하여 평북 오산중학교와 서울 연희전문학교를 거쳐 평양신학교를 졸업하였다. 그는 한일합방이 이루어지던 해(13세)에 처음 교회에 나가게 되었고 김익두 목사님의 부흥 집회에서 은혜를 받아 목회의 길을 가게 되었으며, 서울에 조선신궁이 세워진 1925년에 목사 안수를 받았다.

원래 이름은 주기복(朱基福)이었으나, 오산학교에서 세례를 받은 후에 '기독교를 철저히 신앙한다.'라는 의미로 이름을 주기철(朱基徹)로 바꾸었다고 한다.

목사 안수를 받은 뒤, 부산 초량교회와 창원 제일문창교회를 거쳐 평양 산정현교회를 시무하였다. 일제에 의한 신사참배 강요의 폭풍이 몰아쳐 오자, 그는 죽음을 각오하고 신사참배를 반대하고 나섰다. 1935년 9월 선교 50주년 기념으로 열린 평양신학교 부흥 사경회에서

"일사각오"란 주제로 감동적인 설교를 했다. 그 후 그는 평양신학교 학생들에게 신사참배 반대 운동을 교사하였다고 하여 1938년 2월에 교회당 헌당식을 며칠 앞두고 첫 번째로 검거되었고, 1938년 8월에는 2차로 검속되어 경북 의성경찰서로 이송되었다. 잠시 석방된 뒤에도 계속적으로 신사참배 반대 운동을 주도하다가 1939년 8월 20일 3차로 검거되어 이때부터는 7개월간 가혹한 고문을 당하였다. 어떤 때는 피투성이가 되어 간수에게 업혀 나올 때도 있었고, 어떤 때는 혹독한 고문을 당한 끝에 몇 시간씩 혼수상태에서 깨어나지 못한 적도 있었다.

1940년 2월, 잠시 석방되었을 때에 그는 "다섯 가지 나의 기도"라는 제목의 설교를 하였다.

> "죽음의 권세를 이기게 하여 주옵소서, 장기간의 고난을 견디게 하여 주옵소서, 노모와 처자와 교우들을 주님께 부탁합니다. 의에 살고 의에 죽게 하여 주옵소서. 내 영혼을 주님께 부탁합니다."[10]

죽음을 예견한 듯한 이 설교를 들었을 때, 산정현교회는 눈물바다가 되었다. 그리고는 1940년 8월 4차로 검거되었다가 다시는 돌아오지 못하고, 1944년 4월 21일 "여호와 하나님이시여 나를 붙잡으소서!"라고 기도하면서 평양감옥에서 순교하였다. 그러나 주기철 목사를 탄압한 것은 일본 경찰만이 아니었다. 일제의 사주를 받은 평양노회는 1941년 3월, 주기철 목사를 파면하고 산정현교회를 폐쇄시켰으며 산정현교회 7명의 장로에게는 장로직 정직을 결정하였다. 이에 따라 산정현교회는

---

10 최훈, 앞의 글, 128에서 재인용.

폐쇄되었고, 주기철 목사 가족은 사택에서 쫓겨나고 말았다.

그러나 순교라는 영광의 별이 된 주기철 목사는 한국 교회의 신사참배 반대 운동의 상징적인 인물이었고 반대 운동을 전국적으로 확산시키는 데 크게 기여했다.

다음 글은 그의 마지막 설교, "고난의 명상"의 일부분으로서, 읽는 우리의 마음을 숙연하게 한다.

"주님을 위하여 이제 당하는 수옥을 내가 피하였다가 이다음에 주님이 '너는 내 이름으로 평안과 즐거움을 다 받아 누리고 고난의 잔은 어찌하고 왔느냐?'고 물으시면 무슨 말로 대답하랴. 주님을 위하여 주어지는 십자가를 내가 이제 피하였다가 이다음에 주님이 '너는 내가 준 유일한 유산인 십자가를 어찌하고 왔느냐?'고 물으시면 내가 무슨 말로 대답하랴."

2) 이기선 목사

이기선 목사는 1876년 평북 박천에서 출생하여 포목상을 하다가 33세 때 평양신학교를 졸업하고 목사가 되었다. 그는 평북 의주와 경남 울산과 김해를 거쳐 1931년에는 의주 북하동교회를 담임하게 되었다. 그러나 그는 1938년 7월 신사참배 반대 운동을 위해서 북하동교회를 사임하고 전국 순회 부흥사가 되었다. 그는 신사참배는 우상에게 항복

함으로 하나님의 1, 2, 3계명을 어기는 죄라고 하면서 순교를 각오하고 투쟁해야 한다고 주장했다. 그리고 전국을 순회하면서 신앙 동지들을 규합하여 1) 신사참배하는 학교에 자녀를 보내지 말며, 2) 신사 불참배 신도들을 규합하여 가정예배를 드리게 하고 저들 중심으로 새 교회와 노회를 조직하며, 3) 신사 불참배 운동을 조직하여 현실 교회는 약체화 내지 해체시켜야 한다고 강력히 주장하였다.

그러다가 그는 대동경찰서에 검속되어 심한 고문을 당하다가 3번이나 까무러쳤다. 그는 심한 고문과 회유에도 결코 굴복하지 않았다. 그는 잠시 석방된 동안 성도들에게 이렇게 설교하였다.

"신사참배로 당국에서 오라 가라 간섭하거든 관공서에 전도하라는 것으로 알고, 감옥에 가두겠다고 하거든 그때부터 실천 신학교에 입학시켜 주겠다는 줄로 알고 감사하고, 매를 때리거든 면류관에 별 하나 더 붙는 줄 생각하고, 죽이겠다고 하거든 천당에 보내겠다는 줄로 알고 기쁨으로 기다리라."[11]

그는 6차례나 검속되어 7년간 혹독한 고문과 옥고를 당하다가 1945년 8월 17일에 다른 지도자들과 함께 출옥하였다. 그는 다른 출옥 성도들과 함께 한국 교회 재건 원칙을 발표하였다. 그러나 교계의 많은 지도자가 출옥 성도들의 재건 원칙 따르기를 거부하는 것을 보면서, 그는 북한에서 신사참배를 한 기성 교단들과 결별하여 혁신복구파로 일컬어지는 독립노회를 조직하였다. 여기에는 평안도와 황해도의 약 30개 교회가 참여했는데, 그는 이들과 더불어 교회 재건 운동을 시작했다. 그

---

11   최훈, 앞의 글, 130에서 재인용.

러다가 공산당에게 체포되어 투옥되었는데, 이후 순교한 것으로 추정된다.

3) 한상동 목사

한상동 목사는 경남 김해 출신으로 24세에 전도를 받아 예수를 믿게 되었다. 27세에 전도의 사명을 느껴 서울 피어선고등성경학교를 거쳐 1936년 평양신학교를 졸업하고 1937년 마산 문창교회 목사로 시무하게 되었다.

신사참배 문제가 교회의 숨통을 조여올 즈음, 그는 신사참배 반대 운동을 적극적으로 주도하였다. 그는 "신사참배를 할 수 없는 여섯가지 이유"를 다음과 같이 밝혔다.

첫째, 계명을 어기게 되니 하나님이 노하시므로 할 수 없다.
둘째, 인생의 본분이 하나님을 영화롭게 하는 일인데 그렇게 못하니 할 수
　　　없다.
셋째, 결국 교회가 없어지게 될 것이니 할 수 없다.
넷째, 강요하는 개인도 망하니 남의 망하는 꼴을 볼 수 없으므로 할 수 없다.
다섯째, 신사참배하면 국가도 망할 것이므로 할 수 없다.

여섯째, 나 자신이 지옥 갈까 두려워 할 수 없다.[12]

그러자 마산경찰서는 한 목사를 검거하여 가혹한 고문을 가하였다. 이에 한상동 목사는 마산경찰서의 압력으로 교회를 사임하게 되고 마산을 떠나 부산으로 가서 몇몇 신앙동지와 함께 신사 불참배 운동을 조직적으로 추진할 것을 결의하였다.

1939년 12월 이주원 전도사를 통해 평북의 불참배 운동의 소식을 듣고는 경남에서도 1) 현 노회 해체 운동, 2) 신사참배한 목사의 세례를 받지 말 것, 3) 신사 불참배 중심의 새 노회를 구성할 것, 4) 신사 불참배 신앙 동지 상호 원조할 것, 5) 가정예배와 함께 신앙 동지 획득에 주력할 것을 결의하였다.

그러다가 1940년 7월 3일 다시 경남 경찰서에 검속되어 혹독한 고문을 당했다. 1년 뒤 1941년 7월 10일에 평양경찰서 유치장으로 이감되어 주기철 목사와 만나게 되었다. 그 후 대동경찰서로 이감되어 1개월 반 동안 혹독한 고문을 당했으며 이로 인해 병들어 눕게 되었다. 그는 추위와 질병으로 혹독한 감옥생활을 견디다가 1945년 8월 17일 출옥하였다.

그는 이기선 목사와 함께 평양 산정현교회에서 교회 재건을 위한 부흥회를 인도하였으나 공산당의 방해를 받자 1946년 월남하여 부산으로 내려왔다. 그는 부산에서 고려신학교를 세웠으며, 신사참배를 주도한 인물들이 교권을 잡는 것을 보고는 따로 고려파 교단을 만들었다.

---

12 일제 강점기 한국에서의 신사참배 실시와 황민화 정책 & 주기철, 한상동 목사.
    https://bsmilal2.tistory.com/entry

4) 김린희 전도사

김린희 전도사는 출옥 성도 가운데서도 가장 극단적인 재건파에 속한 사람이라 교계에서 자주 언급되지는 않으나, 신사참배 반대 운동에 있어서 그가 차지하는 비중은 결코 적지 않기 때문에 소개하는 것이 좋을 것이다.

김린희 전도사는 1908년 평북 선천에서 출생하여 서울 보성중학교와 도쿄에서 잠시 공부하였으나 폐결핵으로 집으로 돌아왔다. 그러던 중 병 고침의 은사를 가진 권사님으로부터 병을 치유 받고 예수를 믿고 평신도로서 성도들을 가르치기 시작했다. 그 후 평북 선천에 있는 성경학교에서 성경을 공부하였고 평양신학교에 입학하였다. 그러나 평양신학교가 신사참배 문제로 폐쇄됨에 따라 평양신학교를 중퇴하고 신사참배 반대 운동에 열정적으로 가담하였다. 1939년 평양 이주원 전도사 집에서 박의흠 전도사를 만나 경남지방에서도 신사참배 반대 운동을 조직적으로 전개한다는 소식을 듣고 박의흠, 김윤섭 등과 함께 다음 세 가지를 결의했다.

1) 신사참배 등 반계명 정책에는 죽음으로써 반항할 것
2) 신사참배하는 교회에는 출입하지 말고 이를 취소할 것
3) 신사 불참배 동지를 다수 획득하여 새 교회 건설에 힘쓸 것

그는 이와 같은 신사 불참배 운동을 열정적으로 진행하다가 이에 불편함을 느꼈던 기성 교회 지도자들의 투서로 일본 경찰에 체포되었다. 이리하여 6년간 감옥에서 옥고를 치르는데, 고문과 열악한 감옥생활로 온몸이 피골이 상접하게 되었고 여기다가 폐결핵까지 걸리게 되었다.

이에 병보석으로 출옥하게 되었고, 얼마 후 해방을 맞았다.

그는 신사참배를 한 기성 교회는 물론이고, 신사참배는 반대했지만 궁성요배나 황국신민서사 등 나머지 4개 항에 대해서는 찬성했다고 보는 출옥 성도들과도 올바른 교회를 재건할 수 없다고 보고 재건파를 따로 구성하였다.[13]

5) 손양원 목사

앞에 언급된 주기철, 이기선, 한상동 목사는 신사참배 반대 운동에 일정한 동지들을 규합하여 조직적으로 반대 운동을 전개한 데 반해, 손

---

13 신사참배를 반대한 사람도 우상숭배의 정의를 어디에까지 봐야 할 것인가 하는 문제와 관련해서는 의견의 차이가 있었다. 첫 번째 부류는 신사참배는 죄이지만 궁성요배나 황국신민서사, 국기 배례는 국가적 행사로 생각하고 그 안에서 시인하는 입장이며, 두 번째는 신사참배는 물론 궁성요배 묵도 국기 배례 황국신민서사까지 반대하는 입장이다. 노회의 결의도 이 부분에 대해 차이가 있었고, 목회자들 사이에도 차이가 있었다. 그런데 논란이 되는 것은 주기철, 한상동, 이기선 목사 등은 신사참배는 반대했지만, 궁성요배와 묵도 등에 대해서는 용인했다고 하는 대목이다. 이 주장에 따르면, 한상동 목사 등은 일본 천황이 신이 아닌 살아 있는 인간이기 때문에 그에게 절하는 것은 관계가 없다며 동방요배를 용인했다는 것이다. 이 주장은 이들과 함께 옥중에 있다가 출옥한 박신근 집사 및 김린희 전도사의 증언에 따른 것이며, 최훈의 논문, "신사참배와 한국재건교회의 역사적 연구" 133에 소개되어 있다. 이런 견해의 차이가 해방 후 재건 교회가 분열되어 나가는 계기가 되기도 했다. 그러나 최덕성 교수와 같은 고신측 학자들은 이러한 주장에 동의하지 않는다. 그들은 주기철, 한상동, 이기선 목사도 궁성요배에 대해 반대하였다고 주장한다.

양원 목사는 여수 애양원을 중심으로 개인적 차원에서 신사참배 반대 운동을 전개하였다.

손양원 목사는 경남 함안 칠원 출신으로 본명은 손연준이었는데, 훗날 애양원을 시무하면서 이름을 손양원으로 개명했다고 한다. 그는 1913년 칠원초등학교에서 공부하던 중 궁성요배에 반대하여 퇴학을 당하기도 했다. 이후 서울중동중학교와 창원 창신중학교에서 잠시 공부했다가 1921년에는 일본으로 건너가 도쿄의 스가모중학교를 졸업하였다. 이곳에서 다녔던 교회의 나환자 급식과 전도 활동에 감명을 받아 자신도 이런 삶을 살기로 결심한다. 이후 평양신학교를 졸업하고 여수 나병원 애양교회에 부임하여 나병 환자들의 친구가 되었다.

그는 신사참배를 반대하다가 1940년 9월 25일 수요예배 후에 일본 경찰에게 체포되어 여수 경찰서에서 10개월 구금된 후에 광주 구치소와 광주 형무소에서 1년 6개월 형기를 마치고 1943년 5월 17일에 출옥하였다. 그러나 그는 계속 신사참배를 거부하고 반대 운동을 하다가 종신형을 언도받고 1943년 10월 경성 구치소와 청주 형무소에서 복역하던 중 해방을 맞아 1945년 8월 17일에 석방되었다.

그는 신사참배에 반대하는 이유로 창조자·주재자·심판자 되시는 하나님을 믿는 신앙 위에서 천황의 피조(인간)됨을 강조하고, "여호와 하나님 이외의 신은 모두가 우상이므로 우리나라에서 신사참배하는 것은 우상 예배를 금지한 성서 교리에 배반되고 영원한 구원을 받을 수 없다."라고 주장했다.

석방된 후 다시 여수 애양원으로 돌아가서 목회하던 중 1948년 10월 19일 여순 반란 사건 때, 두 아들을 공산 반란군의 손에 잃게 되었다. 그러나 아들을 죽인 반란군 안재선을 용서하고 오히려 아들로 삼아서 '사랑의 원자탄'이라고 불리게 되었다.

그 후 한국전쟁이 일어났을 때도 손양원 목사는 애양원 교회에서 나환자들을 계속 돌보다가, 1950년 9월 13일 공산군에 의해 체포당해 15일간 여수 감옥에서 혹독한 고문을 당하였다. 그 후 유엔군의 참전으로 공산군이 퇴각할 때 공산군이 손양원 목사를 여수 밑 미평의 과수원으로 끌고 가서 총살함으로써 1950년 9월 29일 향년 49세에 순교하였다.

6) 박관준 장로

이상에서 본 사람들이 모두 목회자였다면, 박관준 장로는 평신도로서 신사참배 반대 운동을 하다가 순교한 사람이다. 평북 영변에서 출생한 박관준 장로는 젊은 시절 방탕한 생활을 하다가 30세에 독서를 하는 중 하늘에서 들리는 소리를 듣고 예수를 믿게 되었다고 한다. 그는 서양 의학을 공부하여 의사가 된 후, 무의촌에 진료를 함과 더불어 교회를 세움으로써, 육신의 병과 더불어 영의 병을 함께 치유하는 의사가 되고자 했다.

그러던 중 60세 되던 1935년, 기도하는 가운데 흰옷을 입은 이가 "나를 위해 피를 흘릴 자가 누구냐?"라는 부름을 받고 "제가 흘리겠습니다."라고 응답하는 체험을 하게 되었다. 그는 이때부터 적극적으로 신사참배 반대 운동을 전개하여 총독과 도지사에게 보내는 격문을 썼

다가 형무소에 갇히게 되었다. 출옥한 이후에도 그는 2년 동안 12차례에 걸쳐 총독에게 진정서를 보냈고, 미나미 총독을 직접 찾아가 신사참배를 강요하지 말 것을 촉구하기도 했다.

그러나 성과가 없자 이번에는 직접 일본으로 건너가 반대 투쟁을 할 것을 계획하게 되었다. 박관준 장로는 보성여학교 교사로 봉직하던 중 신사참배를 반대하다 파면 당한 안이숙 선생을 찾아가 함께 일본에 가서 신사참배 반대 투쟁을 할 것을 권유했다. 일본에 건너온 두 사람은 고베신학교에 재학하던 자신의 아들 박영창과 함께 일본 중앙정부를 찾아가 전 조선총독 우가키와 문부대신 아라키, 야다 척무장관 등을 만나 신사참배의 부당성을 제기했으나 그들의 마음을 돌이킬 수 없었다.

그러자 더 대담한 계획을 생각하게 되었다. 1939년 3월 22일 일본의 중의원에서 신사참배 문제를 법제화하는 신종교법안이 상정되는 날, 세 사람은 방청권을 구입하여 국회의사당 방청석에 자리 잡았다. 그리고 종교 법안을 상정하러 야스후지 의원이 단상에 오르는 순간 박관준 장로는 번개처럼 뛰어나가면서 "여호와 하나님의 대사명이다!"라고 소리치면서 준비해 간 경고문을 아래층 의사당 안으로 내던졌다.

그가 일본 당국자들에게 던진 경고문에는 대략 이런 내용들이 들어 있었다.

여호와는 유일한 진짜 신이시다. 한국 신도들에게 일본 신사 참배를 강요하는 것은 하나님을 거역하는 죄다. 그러므로 한국 신도들에게 신사참배를 강요하지 말라. 무고히 구속되어 있는 한국 신도들을 곧 석방하라. 만일 당신이 신의 뜻을 순종하지 않으면 신은 불원에 일본을 멸망시킬 것이다.

그리고 거기에는 심지어 이런 내용도 들어 있었다.

하나님이 참 신인지 아니면 천조대신이 참 신인지를 시험해 보자. 그 방법으로 나무 백 뭇을 쌓아 놓고 그 위에 나를 올려놓고 불을 질러라. 내가 타지 않으면 하나님이 참 신인지를 알게 될 것이며, 그때는 여호와 하나님을 일본의 신으로 섬겨야 한다.[14]

정말 대단한 믿음과 기개가 아닐 수 없다. 그는 자신의 몸을 담보로 하여 엘리야처럼 누가 참 신인지 시험하자고 제안한 것이다.

박관준 장로가 경고문을 뿌리자 의회당은 순식간에 아수라장이 되었고 그는 즉석에서 체포되어 경시청에 32일 구금되었다. 한국으로 송치된 그는 1941년 봄, 천황에 대한 반역자로 투옥되었다. 그는 옥중에서도 신사참배를 반대하다가 1945년 1월 1일부터는 70일 금식 기도에 돌입했다. 금식 기도 70일째 되던 날 빈사 상태가 되자 1945년 3월 11일 병보석으로 나와 평양기독병원에 입원했다. 박관준 장로는 병원에서도 문병자들에게 전도하고 "신사참배는 안 됩니다. … 열심히 예수를 믿읍시다."라고 하다가 3일 후인 3월 13일 오전 10시, 가족이 모인 자리에서 마지막 유언을 남기고 70세의 나이에 순교하였다.

그는 우리나라는 앞으로 이사야서 11장 10-16절의 말씀과 같이 될 것이라고 유언했는데, 이 말은 우리 민족이 곧 해방될 것이라는 의미였다. 그러면서 끝까지 신앙을 잘 사수하다가 영광스러운 하늘나라에서 다시 만나자는 말로 마지막 말을 맺은 후 순교하였다.

---

14 박용규, 앞의 책, 729.

그가 일본 국회에서 경고한 대로 일본은 패망하였고, 그의 유언대로 5개월 뒤에 우리 민족은 해방을 맞게 되었다. 그의 시신은 가족들에 의해 평양교회의 공동묘지인 돌박산에 순교자 주기철, 최봉석 목사가 묻혀 있는 그 옆자리에 안장되었다. 조선의 엘리야라고 칭해지는 그는 평신도였지만 그 누구도 감히 시도하지 못했던 엄청난 일을 하였다.[15]

신사참배에 반대하고 투쟁했던 그리스도인들은 이 밖에도 많았다. 지면 관계상 다 소개하지 못하였지만, 교단과 지역을 초월하여 신앙의 정절을 지키기 위해 많은 성도가 히브리서 기자가 표현한대로, "조롱과 채찍질뿐 아니라 결박과 옥에 갇히는 시련도 받았으며 돌로 치는 것과 톱으로 켜는 것과 시험과 칼로 죽임을 당하고 … 광야와 산과 동굴과 토굴에 유리하였다"(히 11:36-38).

일제 강점 하에서 신사참배 거부로 인해 투옥된 이는 대략 2천여 명에 달하고 2백여 교회가 폐쇄되었으며 50여 명이 순교했다. 이 거룩한 순교의 피 위에 오늘 한국 교회가 서 있다. 그들의 몸은 죽었지만, 그들의 신앙은 여전히 남아 우리 한국 교회에 귀감이 되고 있다. 그들은 지금 하늘에서 죽도록 충성한 사람들에게 주시는 생명의 면류관을 받아 쓰고 있을 것이다.

---

15 대표적인 신사참배 반대론자들에 대해서는 최훈, 앞의 글과, 이만열, 앞의 글 그리고 김재현 편, 『한반도에 새겨진 십자가의 길』, (서울: 키아츠, 2013) 등에서 참조.

6장

신사참배에
대한 회개

1945년 8월 15일, 드디어 저 멀리 있는 것 같았던 해방과 광복의 날이 왔다. 천황숭배와 신사참배를 강요하던 저 일본이 패망하고 우리 민족은 해방을 맞았다. 이것은 자신을 하나님의 위치에 놓으려고 했던 저 천황과 일본 제국주의에 대한 하나님의 심판이었다. 그리고 믿음을 지키기 위해 감옥에서 고통하며 기도했던 우리 성도들의 기도에 대한 하나님의 응답이었다.

그리고 더 감사한 것은 이 해방과 더불어, 죽음에 이를 수 있었던 수많은 성도의 목숨을 구할 수 있었다는 점이다. 일본 군부는 한국 기독교인들이 일본의 정책에 협력하였음에도 불구하고 미국과 소련군이 조선에 들어올 때 연합국을 응원하는 또 다른 배신자가 될 것이라고 생각하여 8월 18일에 교회 지도자 2만 명(5만 명이라는 설도 있음)을 학살할 계획을 세우고 있었다. 그러나 3일 전에 일본이 패망함으로써 그 계획은 실패로 돌아가고 말았다. 하나님이 이 계획을 막으시고 한국 교회를 보호하신 것이다.

그러나 그렇다고 신사참배 죄가 없어진 것도 아니고 하나님이 이 죄를 용서하신 것도 아니었다. 그러면 한국 교회는 그 이후 그동안 신사 참배했던 것에 대해서 어떤 자세를 취했는가?

1. 신사참배에 대한 회개의 역사

1) 출옥 성도들의 재건 논의

1945년 8월 17일, 신사참배를 결사반대하다가 투옥되었던 70여 명의 교직자 중 50여 명은 순교하고 17명의 교직자가 살아서 출옥하였다. 이들은 자기 본교회로 돌아가지 않고 약 2개월 동안 신사참배에 항거하다가 폐쇄된 산정현교회로 모여 한국 교회 재건에 관해 논의하였다.

1945년 8월17일 평양 산정현교회에 모인 출옥 교인들.
(뒷줄 왼쪽부터) 조수옥, 주남선, 한상동, 이인재, 고흥봉, 손명복.
(앞줄 왼쪽부터) 최덕지, 이기선, 방계성, 김화준, 오윤선, 서정환.

1945년 9월 20일, 이들은 한국 교회 재건에 대한 기본 원칙으로 다음과 같은 내용을 결정하였다.

첫째, 교회의 지도자들은 모두 신사에 참배하였으니 권징의 길을 취하여 통회 정화한 후 교역에 나갈 것.

둘째, 권징은 자책 혹은 자숙의 방법으로 하되 목사는 최소한 2개월간 휴직하고 통회 자복할 것.

셋째, 목사와 장로의 휴직 중에는 집사나 혹은 평신도가 예배를 인도할 것.

넷째, 교회 재건의 기본 원칙을 전국 각 노회 또는 지교회에 전달하여 일제히 이것을 실행케 할 것.

다섯째, 교역자 양성을 위한 신학교를 복구 재건할 것.[1]

2) 이북 16개 노회 연합노회 결의

이 재건 원칙이 발표되자 적지 않은 교회와 노회들이 호응하고 나섰다. 이에 따라 노회적으로 혹은 개 교회적으로 이와 같은 재건 원칙을 실시한 곳이 적지 않았다. 가장 먼저 반응을 보인 곳은 제일 먼저 신사참배를 결의했던 평북노회였다. 평북노회는 1945년 11월 14일부터 일주일간 선천 월곡동에서 약 200명의 교역자가 참석한 가운데 해방 축하 및 목사 수양 대회를 열었다. 여기서 특별 강사로 초청된 신사참배 반대 운동을 주도했던 이기선 목사의 간증은 청중들에게 큰 감동을 주었다.

그러나 이어 박형룡 박사가 교회 재건 다섯 가지 원칙을 발표하자, 1938년 총회에서 신사참배 결정을 주도했던 홍택기 목사 등 기성 교회

---

1   김양선, 『한국 기독교해방10년사』, (서울: 대한예수교장로회총회 종교교육부, 1956), 45.

목회자들이 "옥중에서 고생한 사람이나 교회를 지키기 위해 고생한 사람이나 그 고생은 마찬가지였고, 교회를 버리고 해외로 도피 생활을 했거나 혹은 은퇴 생활을 한 사람의 수고보다 더 높이 평가돼야 한다."라며 반발하고 나섰다. 이들이 그렇게 반대한 명분은 "신사참배에 대한 회개와 책벌은 하나님과의 직접 관계에서 해결될 성질의 것이지 누구의 강요에 의해 결정될 사항은 아니다."라는 것이었다.[2]

이 모임을 통해 출옥 성도들과 친일 목사들 간에 극한 감정 대립이 일어났고, 이 문제를 해결하기 위해 이북의 16개 노회가 '연합노회'를 구성하여 여기에서 구체적으로 논의하기로 했다. 이 결의에 따라 구성된 이북 5도 연합노회는 1945년 12월 산정현교회에서 교회 재건을 위해 다음과 같은 내용을 결의하였다.

1) 북한 5도 연합노회는 남북통일이 완성될 때까지 총회를 대행할 수 있는 잠정적 협의기관으로 한다.
2) 총회 헌법은 개정 이전의 헌법을 사용하되 남북통일 총회가 열릴 때까지 그대로 둔다.
3) 전 교회는 신사참배 죄과를 통회하고 교직자는 2개월간 근신할 것.
4) 신학교는 연합노회 직영으로 한다.
5) 조국의 기독 문화를 목표로 독립 기념 전도회를 조직하여 전도, 교화 운동을 대대적으로 전개한다.
6) 북한 교회를 대표할 사절단을 파송하여 연합국 사령관에게 감사의 뜻을

---

2   박용규, 앞의 책, 812-813.

표하기로 한다.[3]

이 결의를 보면, 신사참배에 대한 조항은 6개항 가운데 오직 하나(3. 전 교회는 신사참배 죄과를 통회하고 교직자는 2개월간 근신할 것)만 들어 있다. 이는 출옥 성도들이 결정한 5대 재건 원칙 가운데 일부분만 반영된 것으로서, 신사참배를 주도했던 측의 반발이 적지 않았던 것을 알 수 있다. 그 결과 출옥한 지도자 이기선 목사는 기성 노회들과 결별하고 그가 발표한 교회 재건 원칙을 그대로 실시하는 교회들을 규합하여 1949년 5월 중순경 독노회를 조직하였다. 여기에는 산정현교회를 비롯한 평안남북도 및 황해도 등지의 30여 교회가 가담하였다. 그들은 혁신복구를 주장하였기에 '혁신복구파'라고 불렸다.

이러한 반발을 고려한다면, 북한 5도 연합노회의 결정은 신사참배 죄에 대한 철저한 회개에는 미흡한 점이 있었다. 그러나 한국 교회가 신사참배의 죄악성을 인정하고 이를 회개할 것을 최초로 공식적으로 천명한 점에서는 의의가 있다고 할 것이다.

3) 남부대회 결의

한편 남한에서는 북한처럼 빨리 이 문제에 대처할 수 없었다. 1945년 7월 19일부터 20일까지 모든 교단이 일제의 강압에 의해 일본기독교조선교단으로 통합된 지 불과 15일 만에 해방을 맞자, 이 통합 교단을 유지할 것인지 원래 교단들로 환원할 것인지가 당면 문제가 되었기 때문이다. 이 통합 교단의 지도자들은 "일제의 강요와 교회 내의 친

---

3   김양선, 앞의 책, 46.

일 세력의 합작품", "여러 교파를 망라하여 조직한 혼합주의적 단체"라는 비난을 받으면서도 이 통합 교단을 그대로 유지하기를 원했다. 그들은 자신들의 잘못을 회개하기보다는 간판만 조선기독교회로 바꾸고 기득권을 그대로 유지하고자 노력했다. 이리하여 1945년 11월 27일과 1946년 4월 30일에 두 번의 남부대회라는 이름의 교단 총회를 개최하여 여러 가지 현안을 처리하고자 하였다. 그러나 이 대회 주도자들이 친일적 인물들이었기에 폭넓은 지지를 얻을 수 없었고, 결국 1946년 4월 30일 제2회 조선기독교회 남부대회를 끝으로 통합 교단은 해체되고 각 교파 교단으로 환원되었다.[4]

한편 이런 움직임과는 별도로 출옥 성도들을 중심으로 교회를 재건하려는 움직임이 장로교 경남노회를 중심으로 활발하게 진행되었다. 이 지역에서 재건 운동이 활발하게 일어날 수 있었던 이유는 순교자 주기철, 최상림 목사와 출옥 성도 손양원, 주남선, 한상동 목사가 모두 이 지역 출신이기 때문이다. 1945년 9월 2일, 남한의 첫 주자로 경남재건노회가 만들어졌고, 이후 1946년 초까지 남한 전역의 장로교 노회들이 재건되었다.

전국의 노회들이 재건되자, 1946년 6월 12일 서울의 승동교회에서 남부대회가 소집되었다. 이 모임은 남한에 있는 교회들만의 모임이었기에 총회라 하지 못하고 남부대회라 칭했다. (그러나 이듬해 대구제일교회에서 제2회 남부대회가 열렸을 때, 1942년 일제의 강압에 의해 31회 총회로 끝났던 것을 이어서 33회 총회로 이름을 바꾸었다. 그 이유는 38선이 강화되고

---

4   박용규, 앞의 책, 838-841.

수많은 이북 목회자가 월남하게 됨에 따라 남북이 통일될 때까지 더 이상 총회 결성을 미룰 수 없었기 때문이다.) 이 남부대회는 다음과 같은 내용을 결정하였다.

1) 헌법은 남북이 통일될 때까지 개정하지 않고 그대로 사용한다.
2) 제27회 총회가 범과한 신사참배 결의는 이를 취소한다.
3) 조선신학교를 남부 총회 직영 신학으로 한다.
4) 여자 장로직 설정 문제는 남북통일 총회시까지 보류한다.[5]

이 남부대회의 결의는 제2항에서 신사참배 결의를 취소한다는 것을 최초로 명시적으로 밝혔다는 점에서는 의미가 있다. 그러나 이는 기독교계의 공식적인 발표라고 하기에는 미흡한 부분이 있었다. 우선 이 의결이 장로교를 대표하는 총회 회의록에 기록되지 않았고, 또한 "취소한다."라고 말만 했을 뿐 이에 대한 문서로 된 성명서가 없었기 때문이다. 이 때문에 39회 총회에서 다시 성명서를 발표하면서 재차 취소 결의를 할 수 밖에 없었다.

한편 이 남부대회의 결의는 신사참배 문제에 대하여 경남노회의 반발을 일으키게 되었다. 이 남부대회의 의결이 신사참배를 반대했던 출옥 성도들의 재건 원칙을 제대로 반영하지 못했기 때문이다. 이 결의는 신사참배에 대한 분명한 취소를 결정했으나 행정적 차원에서만 처리했을 뿐 신사참배에 대한 회개나 그 처리 문제에 대해서는 전혀 언급하지 않았다. 더구나 이 교단에 신사참배를 주도한 사람들이 여전히 지도적

---

5   김양선, 앞의 책, 52.

위치에 있었고, 친일 행각과 진보적 신학을 가르친 조선신학교를 공식 교단 신학교로 인정하자 불만이 증폭되었다. 이러는 가운데 경남노회 마저 신사참배에 참여했던 사람들이 교권을 잡게 되자 이에 반대한 출옥 성도들이 결국 1952년 9월 11일에 고려파 교단을 만들어 분립해 나 갔다.

4) 39회 장로교 총회에서의 신사참배 취소 결의

이렇게 고신이 분열해 가고, 또한 1953년에는 조선신학교를 중심으로 한 기장이 분열해 가자, 장로교 총회는 신사참배 문제와 관련하여 무엇인가 분명한 입장을 취하지 않으면 안 된다는 생각을 하게 되었다. 교계가 분열된 상황에서 고신 측을 다시 총회 안으로 불러들이려면 신사참배 문제를 반드시 해결해야만 되었다. 이리하여 한국전쟁이 끝난 이듬해인 1954년 4월 26일, 경북 안동의 안동중앙교회에서 제39회 장로교 총회가 개회되었다. 이 총회의 가장 큰 이슈는 '신사참배 취소 성명'에 대한 것이었다.

총회는 이 문제를 해결하기 위해 먼저 신사참배를 하지 않은 출옥 성도인 이원영 목사를 총회장으로 세웠다. 이원영 목사는 신사참배뿐 아니라 창씨 개명과 조선 교육령에도 저항하다가 네 차례나 옥고를 치른 출옥 성도였다. 한상동 목사가 신사참배자들에 대해 강경한 입장을 취한 데 반해, 이원영 목사는 비교적 온건한 입장을 가지고 있었다. 출옥성도가 신사참배에 동조한 사람들을 무조건 비난할 것이 아니라 그들을 용서하고, 반면 신사참배에 동참한 사람들은 이런 용서함을 보고 자신들의 잘못을 인정하며 회개해야 한다는 것이었다. 총회는 이런 입장을 가진 이원영 목사를 이 문제를 해결할 수 있는 적임자로 보고, 원

래대로 하면 38회 총회에서 부총회장으로 선출된 한경직 목사가 총회
장이 되어야 함에도 불구하고 이원영 목사를 총회장으로 세웠다.

그리고 총회가 개회되자 36회 총회장이었던 권연호목사가 이렇게
대표 기도를 하였다.

"우리들이 저지른 저 무서운 신사참배 죄로 인하여 이 땅에 무서운 전란이
왔고, 이 민족, 내 백성들이 수없이 피와 살을 쏟고 찢었나이다. 교회가 갈라
지고 38선이 가로막히게 된 것이 이 죄과인 줄 확신하옵고, 하나님 앞에 책
망을 받는 것이 마땅한 줄 아나이다. 주여 한국 총회가 모일 때마다 물고 찢
고 싸움하고 교직자끼리 반목한 것이 이 죄로 인하여 생긴 것입니다. … 회
개에 합당한 열매를 맺게 도와 주시옵소서!"

그러면서 신사참배에 대한 해결안을 만들 것을 제안하였다. 권연호
목사의 제안이 이루어지자 회원들은 다양한 반응을 보였다. 즉각 취소
행사를 갖자는 사람도 있었고, 새벽 기도 시간이 앞으로 며칠 더 있으
니 그때 하자는 사람도 있었다. 전재성 목사는 "회개란 또 하고 또 하
고 몇 번이나 해도 손해될 것이 없으니 이날 밤이라도 철야하며 통회하
자."라고 제안하기도 하였다. 당시 참여한 대부분의 총대들은 신사참배
결의에 대한 죄의식을 가지고 있었고 이번 총회에서 그것에 대한 해결
책을 만드는 것에 동의하고 있었다.[6]

그러나 절차에 따라 진행하자는 회원들의 의견에 따라 '신사참배 취
소 성명 특별 위원회'가 구성되었다. 위원장에는 이원영, 서기에 명신

---

6   최덕성, 앞의 책, 335-336.

홍, 위원에 권연호 목사가 선출되었다. 모두 총회장을 지낸 사람이었거나 현 총회장이었다.

위원회는 다음과 같은 내용이 담긴 보고서를 총회에 제출하였다.

1) 성명서
2) 총회 중에 일정한 기간을 정해 통회 자복할 것.
3) 위원 5인을 선택하여 주동자 약간 인을 심사한 후 해당 노회를 통하여 시벌하도록 할 것.
4) 신사참배로 순교한 성도 유족 위문금을 위해 헌금하도록 할 것.

이런 보고서가 총회에 제출되자 이 보고서를 그대로 받을 것인지에 대해 논란이 일었다. 특히 갈등이 많이 생긴 부분은 제3항 시벌에 대한 내용이었다. 신사참배에 타협한 사람들이 대다수를 차지했기 때문에 3항은 그들에게는 수용하기 힘든 것이었다. 결국 많은 논란 끝에 3항이 삭제된 특별 위원 보고서가 총회에서 채택되었다.[7] 제39회 총회 회의록에는 다음과 같이 기록하고 있다.

특별 위원 보고
신사참배의 문제에 관한 위원회의 하기와 여한 보고를 받기로 가결하다.
1. 취소 성명서를 별지와 같이 작성하여 전국 교회에 공포할 것.

---

7   이재열, 대한예수교장로회의 '신사참배취소성명'(1954) 연구, 석사학위논문, 안동대학교 2008, 18.

취소 성명서

대한예수교장로회 제39회 총회는 1938년 9월 9일 평양 서문교회에서 회집한 제27회 총회의 결의인 "신사는 종교가 아니요 기독교의 교리에 위반하지 않는 본의를 이해하고 신사참배가 애국적 국가의 의식임을 자각하며, 또 이에 신사참배를 솔선 여행하고 추히 국민정신 총동원에 참가하여 비상시국 하에서 총후 황국신민으로서 적성을 다하기로 기함"이라는 성명서에 대하여 그 결의는 일제의 강압에 못이긴 결정이었으나 이것이 하나님 앞에서 계명을 범한 것임을 자각하고 남부대회가 신사참배 회개 운동을 결의 실행 하였으되 남북통일 총회가 아니었는고로 금번 남북이 통일된 본 총회는 이를 취소하고 전국 교회에 성명함.

2. 총회 기간 중 성찬식 거행 전에 한 시간을 정하여 통회 자복하며 사죄하심을 위하여 기도할 것.
3. 총회 기간 중 일차 연보하고 다시 6월 제1차 주일에 각 교회가 연보하여 신사 불참배로 인한 순교자 가족에게 위문금으로 보낼 것.
4. 27일(화) 아침 5시로부터 6시까지를 통회 자복하며 사죄함 받기를 위하여 기도하는 시간으로 정하고 회장의 인도로 이를 시행할 것.[8]

이 총회의 결의는 27회 총회에서의 신사참배 결의를 공식적으로 취소하였다는 점에서는 큰 의미가 있다. 그리고 이것에 대해 2회의 회개 시간을 가지고 순교자 가족들을 위한 헌금을 하기로 한 것은 적지 않은 진전이었다.

---

8   대한예수교장로회총회 제39회 회의록, 1954, 263.

그러나 이 결정 역시도 미흡한 점이 많이 있는 결정이라고 할 수 있다. 진정한 회개가 되려면 법적인 결정에 대해서는 법적 취소가 있어야 하며, 또한 그동안 행했던 모든 신사참배에 대한 죄악에 대해서는 하나님 앞에서 진정한 회개가 있어야 한다. 그런데 전자에 대해서는 비교적 성공했다고 할 수 있으나 후자에 대해서는 미흡했다고 하지 않을 수 없다.

우선 신사참배한 사람들에 대한 최소한의 자숙 기간조차 마련하지 못한 것은 큰 아쉬움이 있다. 만일 출옥 성도들이 제시한 2개월간의 자숙이 아니라 최소한 1개월 정도의 자숙이라도 시행했더라면 신사참배에 대한 공식적 참회의 의미가 더 분명했을 것이며 고려파의 반발도 줄어들었을 것이다.

둘째, 총대들의 회개는 있었지만, 함께 신사참배했던 한국 교회의 회개에 대해서는 전혀 다루지 않고 있다. 전국 교회가 일제히 날짜를 잡아서 순교자 유가족들을 위한 헌금만 할 것이 아니라 신사참배가 얼마나 큰 죄였는지를 가르치고 전 교회와 전 성도들이 함께 회개했어야 했다. 모든 한국 교회의 회개가 따르지 않은 회개는 총회 총대들만의 회개일 뿐이다.

셋째, 이 결의도 충분하게 실행되지 못했다. 이 결의에서는 두 번 헌금하고 두 번 회개 시간을 갖는 것으로 되어 있다. 순교자 가족을 위한 헌금은 시행이 되어 26,058환을 모았다. 그러나 무엇보다도 가장 중요한 회개 기도는 그 내용이 미흡했다. 총회는 총회 기간 중 성찬식 전과 27일 아침 5시에서 6시까지 기도하는 것을 결의했다. 그런데 제39회 총회 회의록에는 27일 아침 5시부터 6시까지의 1시간 기도한 기록은 있지만, 성찬식 전에 기도회를 한 기록이 없다. 이 중요한 내용이 기록되지 않은 이유는 무엇일까? 게다가 27일 새벽 기도회 시간 역시 이 자리에 참석하여 통회 자복한 사람들은 극소수였고, 정작 참회해야 할 당사자들은 찾아 볼 수 없었다고 한다.[9] 그렇다면 신사참배에 대한 회개가 제대로 이루어졌다고 할 수 있을까?

제39회 장로교 총회는 제27회 장로교 총회에서 결정한 신사참배 결의를 공식적으로 취소했다는 점에서는 분명한 의의가 있다. 그러나 실질적인 신사참배 죄에 대한 통회와 자복은 상당히 미흡했다고 할 수 있다. 특히 회개의 주체가 되어야 할 당사자들의 회개가 제대로 이루어지지 못했다.[10]

5) 현대에서의 신사참배 회개

한국 교회의 신사참배에 대한 회개는 39회 총회에서의 회개를 기점으로 오랫동안 침묵에 들어갔다. 마치 이 총회에서의 회개로 모든 것이 정리된 것인 양.

그러다가 이 오랜 침묵을 깬 사람은 영락교회의 한경직 목사였다. 1992년 6월 18일, 한경직 목사는 종교계의 노벨상으로 불리는 템플턴상을 수상한 자리에서 자신이 신사참배한 죄를 고백하였다. 그는 "일제

---

9   이재열, 앞의 글, 28.
10   이 외에도 최덕성 교수는 몇 가지 문제점을 더 지적한다. 우선 취소 성명서에서 성명을 발표한 주체의 이름이 빠졌다고 지적했다. 1938년 신사참배를 행하기로 한 성명에 '조선예수교장로회총회장 홍택기'라고 표기한 것과는 대조적이라는 것이다. 또 '전국 교회 앞에 성명함'이라고 말해 참회해야 할 주체인 '전국 교회'가 성명을 받아들이는 대상으로 표기한 것도 잘못이라고 지적한다. 이에 대해서는 최덕성, 앞의 책, 341-343 참조.

때 신사참배를 했는데 그 죄를 제대로 참회하지 않았다."면서 "일생의 짐이었는데 우상숭배 죄를 이제야 참회한다."며 눈물을 흘려 좌중을 숙연하게 했다. 개인으로서는 최초의 고백이었다.

그러나 교단적 차원에서의 참회와 고백은 일본의 기독교 교단에서 먼저 나왔다. 일본의 주요 기독교 교파들과 단체들은 패전 50년을 맞은 1995년에, 이른바 '15년 전쟁'에 관한 자신들의 죄책을 고백하고 사죄하는 성명서를 발표했다. 그들의 몇 가지 내용에 대해 구체적으로 참회하였다.

첫째, 신사참배는 제1, 2 계명을 어기는 종교 의식이며 우상숭배이고 이를 행한 죄를 참회한다.

둘째, 교회의 주는 더 이상 이른바 천황-천조대신이 아니라 예수 그리스도시다.

셋째, 교회가 악의 전쟁에 협조하고 솔선수범한 것을 참회한다.

넷째, 일본 교회가 이웃나라 교회들에게 전쟁에 협조하고 우상숭배할 것을 강요한 것을 참회한다.

다섯째, 7탈의 죄(국왕, 국토, 경지, 국어, 이름, 국민, 생명을 탈취한 죄)를 참회한다.

여섯째, 신음하고 억압당하는 형제를 돌보지 않은 죄, 나라의 잘못을 비판하지 않은 죄, 탐심의 죄, 참회 고백을 제때에 하지 않고 지연한 죄, 악을 위해 기도한 반면에 선을 위해 기도하지 않은 죄, 이웃을 사랑하지 않은 죄, 생명의 귀중함을 부정한 죄, 관제 교회 통합을 거부하지 않은

죄 등을 참회한다.[11]

일본의 기독교회들은 자신들이 저질렀던 신사참배의 죄뿐 아니라 타국에 강요하였던 신사참배 죄와 침탈의 죄, 심지어 참회 고백을 제때에 하지 않고 지연한 죄까지 구체적으로 참회하였다. 그러자 한국 교회도 이보다 늦었지만, 한경직 목사의 참회를 계기로 참회의 움직임이 일어나기 시작했다. 신사참배 60주년인 되는 1998년 9월 9일에는 한국개신교원로장로회 주최로 백주년기념관에서 450여 명의 원로 목사, 장로들이 참석하여 금식하며 신사참배를 회개하였다.

2006년 1월에는 기독교대한복음교회(회장 나명환 목사)가 초대 감독이던 최태용 목사의 친일 행각을 고백하고 반성했다. 최태용 목사는 1942년 쓴 '조선기독교회의 재출발'이라는 글에서 "조선을 일본에 넘긴 것은 신이고 우리는 신을 섬기듯 일본을 섬겨야 한다."라고 주장한 바 있었다. 복음교회는 교단 창립 70주년을 맞아 교단을 창립한 초대 감독 최태용 목사의 친일 전력을 밝히고, 하나님과 민족과 역사 앞에 용서를 구했다.

또 같은 해 4월 17일에는 대한예수교장로회 평양노회에서 주기철 목사의 순교와 관련하여 참회 예배를 드렸다. 평양노회는 이 자리에서 1939년 주기철 목사를 파면하고 산정현교회를 폐쇄시켰을 뿐 아니라 유가족들을 박대했던 죄를 회개하면서 주기철 목사를 다시금 복적시켰다. (주기철 목사의 목사직 복권은 1997년에 예장통합 서울동노회에서 먼저 이

---

11   최덕성, 앞의 책, 565-566.

루어졌다. 그리고 예장합동 평양노회에서도 2015년 참회 예배와 더불어 주기철 목사를 복권[복직, 복적]시켰다.)

다음 해인 2007년에는 기독교대한성결교회(기성)가 3·1절을 기념해 신사참배에 대한 죄책 고백 선언문을 발표했다. 선언문에는 "교단 소속 인사들이 친일적인 언행을 하고 신사참배를 한 것과 가난한 이웃, 가정을 돌보는 일에 최선을 다하지 못한 것들을 고백한다."라는 내용을 담았다.

그해 9월 한국 기독교장로회(기장)도 정기총회에서 신사참배에 대해 공식적으로 회개했다. 기장은 "일본 제국주의자들의 강압에 못 이겨 교회가 마땅히 지켜야 할 신앙의 정절과 양심을 지키지 못하고 신사참배에 가담했다."면서 "부당한 일제의 강압에 신앙으로 맞서지 못하고 머리 숙였던 부끄러운 죄를 통절한 마음으로 회개한다."라고 선포했다.

특별히 신사참배 결의 70년이 되던 2008년 9월 9일에는 15개 기독교 단체가 연합 기도회를 개최하여 70년 전 이루어졌던 신사참배에 대해 회개하였다. 이어서 그해 9월 24일에는 대한예수교장로회 통합과 합동, 합신, 기장 등 4개 장로교 교단이 제주국제컨벤션센터에서 '제주 선교 100주년 기념 장로교 연합 감사 예배'를 열고서, 각 교단 총대 3,950명과 제주지역 목회자 및 교인 등 모두 5,000여명이 참석한 가운데 신사참배 죄를 회개했다. 이날 참석자들은 "신사참배를 결의하고 우상에 고개 숙인 죄를 회개한다."라며 무릎을 꿇었다.

기독교대한감리회도 2013년 제33회 서울 연회에서 '신사참배 회개 결의 건의안'을 채택하며 회개에 동참했다. 그리고 이어서 신사참배 80주년이 되는 2018년에는 기독교대한감리회 총회가 33회 총회가 열린 10월 31일, 신사참배 결의를 취소하고 결의문을 발표했다. 그와 더불어 전명구 감독 회장을 비롯해 11개 연회 감독과 총회원 전원은 하나님 앞에 무릎을 꿇고, 신사참배했던 감리교회를 용서해 달라고 간구했다.

특별히 신사참배 결의 80주년이 되는 2018년에는 부분적이나마 신사참배 문제를 돌아보는 해가 되었다. 대한예수교장로회(합동) 총회에서도 신사참배에 대한 회개 기도가 있었고, 또 광화문에서는 10월 28일에 한국교회총연합, 한국기독교총연합회, 한국기독교연합, 한국장로교총연합회, 세계한국인기독교총연합회, 한국기독교부흥협의회 등 연합 기관들이 공동으로 주최한 신사참배 회개를 위한 기도 대성회가 열리기도 했다.

비록 이러한 행사들이 얼마나 진정성이 있었느냐에 대해서는 논란이 없지 않지만, 그래도 최근에 이와 같은 회개 분위기가 있음은 참으로 감사할 일이다. 남북 분단이 신사참배 죄로 인한 것이 맞다면, 신사참배에 대한 회개의 분위기가 일어난다는 것은 어쩌면 통일의 시기가 다가오고 있다는 증거가 아닐까?

그러나 아직도 신사참배 회개는 충분하지 않다. 일부에서 신사참배에 대한 회개 움직임이 있으나 아직도 대다수의 교회나 성도들은 신사참배와 이어진 교회의 배도들에 대해 잘 알지도 못하고 있다. 그 때문에 그것에 대해 무관심하거나 아니면, 그것이 나쁜 것임은 알지만 그러나 그 회개가 진정으로 가슴에 와닿지 않고 있는 것이다. 그리고 설령 지금까지 약간의 회개가 있었다 하나, 지난 8년간이나 한국 교회가 저질렀던 그 수많은 죄악에 비하면 결코 충분한 회개가 아니다. 그러므로 전체 한국 교회의 진정한 회개가 다시 한번 필요한 때다.

2. 신사참배 회개에 대한 반대들

사정이 이럼에도 불구하고, 의외로 이러한 신사참배 회개에 반대하는 사람도 적지 않다. 한 예로 2018년 광화문에서 교계 연합 기관들이 함께 모이는 신사참배 회개 기도회를 개최했을 때, 한국교회언론회에서는 이에 대해 부정적인 논평을 내놓았다. 이 외에도 언론을 통해 이런저런 이유로 반대 의견을 제시한 사람들도 있었고, 심지어 총회 석상에서 신사참배 회개에 대해 노골적으로 반대한 사람들도 있었다.[12] 그러면 반대자들이 신사참배 회개에 반대하는 근거는 무엇이며 이를 어떻게 볼 것인가?

반대하는 첫째 이유는 우리가 짓지 않은 죄를 왜 우리가 회개해야 하느냐는 반론이다. 그 죄를 지은 사람들은 대부분 세상을 떠났고, 지금의 주축은 그 시대를 알지 못하는 세대들이다. 그렇다면 이 죄를 왜 지금의 세대들이 회개해야 하는가? 그리고 이들 가운데는 그 논거로 "아버지가 신 포도를 먹였으므로 그의 아들의 이가 시다고 함은 어찌 됨이냐?"라고 한 에스겔서 18장 2절의 말씀과 예레미야서 31장 29-30절 말씀을 제시한다.

그러나 성경을 보자. 레위기 26장 40절에 "그들이 나를 거스른 잘못

---

12 실제로 모 교단 총회에서 과거 신사참배에 참여했던 어떤 노 목사님이 신사참배 결의 취소와 함께 신사참배 죄에 대해 금식하면서 회개 기도하기를 제안한 적이 있었다. 이때 젊은 총대들이 일어나 반대했는데, 그 이유는 신사참배는 그들이 태어나기 전 일이기에 그들이 책임져야 할 이유가 없다는 것과, 오히려 광주민중항쟁을 보면서 침묵했던 일을 회개해야 한다는 것이었다. 이에 대해서는 장창수, "이제라도 신사참배를 공식적으로 회개하자", 「뉴스엔조이」 2014.10.23. 참조.

으로 자기의 죄악과 그들의 <u>조상의 죄악</u>을 자복하고 …"(필자의 강조)라고 말씀하신다. 여기서 하나님은 자기의 죄악뿐 아니라 자신이 짓지 않은 조상의 죄악까지 함께 회개할 것을 명하고 계신 것이다. 실제로 구약의 의인들은 그러한 기도들을 했다.

다니엘은 노아, 욥과 더불어 하나님께서 의인의 대표자로 인정하신 사람이다(겔 14:14). 그러나 그는 민족의 죄를 자기의 죄로 알고 금식하며 회개하고 있다(단 9장). 또 포로기에 2차로 유대 땅에 돌아온 에스라는 이방 민족들과 통혼한 자신들의 죄를 회개하는 과정에서 또한 과거 포로기 이전에 지었던 자기 민족의 죄를 회개하고 있다(스 9:7). 또 느헤미야는 바벨론 포로기 이후에 활동했던 사람으로서 그 죄를 지었던 사람들로부터 적어도 몇 세대 뒤의 사람이다. 그럼에도 불구하고 그 역시 자기 민족의 죄를 위해 회개 기도하고 있다(느 1:5-11).

더구나 이들은 이 죄를 회개할 때, '저희' 죄라고 표현하지 않고 '우리'라는 표현을 사용하고 있다.

"<u>우리</u>는 이미 범죄하여 패역하며 행학하며 반역하여 주의 법도와 규례를 떠났사오며"(단 9:5).

"<u>우리</u> 이스라엘 자손이 주께 범죄한 죄들을 자복하오니"(느 1:6).

"<u>우리</u> 조상들의 때로부터 오늘까지 <u>우리</u>의 죄가 심하매 <u>우리</u>의 죄악으로 말미암아 <u>우리</u>와 <u>우리</u> 왕들과 <u>우리</u> 제사장들을 여러 나라 왕들의 손에 넘기사 칼에 죽으며 사로잡히며 노략을 당하며 얼굴을 부끄럽게 하심이 오늘날과 같으니이다"(스 9:7: 필자의 강조).

바로 이 사실은 자기 죄만을 위해 회개해야 한다는 말이 얼마나 잘 못된 것인지를 보여 준다. 이들은 조상들의 죄에 참여하지 않았다. 그 러나 그 민족의 죄를 자기 죄로 인식하고 그렇게 통회하면서 회개하고 있다. 이들이 잘못하고 있는 것인가? 만일 그것이 아니라면, 오늘 우리 가 조상들의 죄를 자복하는 것은 전혀 이상한 일이 아니다. 오히려 다 니엘과 느헤미야처럼 하나님 앞에서 깨끗한 사람일수록, 그 민족의 죄 를 자기 죄로 생각하고 회개해야 한다. 이것이 바로 선지자의 자세다.

둘째는 이미 회개한 죄를 왜 또 회개해야 하는가 하는 반론이다. 이 들에 따르면, 1954년 안동중앙교회에서 회집된 제39회 총회에서는 신 사참배 가결을 공식적으로 취소하고, 이틀에 걸쳐서 신사참배한 죄악 을 하나님 앞에 회개했다. 이로써 총회가 결의한 것을 총회에서 풀었 고, 당시 총대였던 이들이나 교인들은 모두 세상을 떠났으며, 또한 회 개한 것으로 이미 종결된 사건이라는 것이다.

먼저 모든 것이 종결된 사건이냐 하는 것부터 생각해 보자. 1954년 의 신사참배 취소 결의는 장로교에서의 취소 결의다. 다른 교단들의 신 사참배 결정의 취소는 최근에 와서야 일부 교단에서 논의되었을 뿐이 다. 그러므로 1954년의 취소 결정은 모든 한국 교회가 참가한 취소 결 정이 아니었다. 뿐만 아니라 1954년의 장로교 취소 결정은 1938년의 신사참배 결정을 취소한 점에서는 법적 해결은 되었다고 할 수 있지만, 그러나 그 총회에서의 회개가 하나님의 진노를 진정시킬 만큼 진정한 회개였을까? 앞에서 본 것처럼, 이 총회에서 두 번의 회개가 있었다 하 나, 당사자들의 진정한 회개는 상당히 미흡하였다. 첫째 날의 회개에 대한 충분한 기록도 없고, 마지막 날 새벽 기도에 참석한 사람은 그렇

게 많지도 않았다. 그나마 회개해야 할 당사자들은 거의 참석하지 않았
다고 한다. 그들은 근신 기간도 없었을 뿐 아니라, 그나마 진정한 회개
도 없었다.

뿐만 아니라 백번 양보해서 설령 교회 지도자들의 회개가 있었다 하
더라도 이것은 결코 충분한 회개가 아니다. 한국 교회 전체의 회개는
지금까지 한 번도 없었다. 신사참배는 그 잘못을 주도한 지도자들에 더
큰 책임이 있지만, 그렇다고 그들의 지도 하에 8년간이나 수많은 배도
를 저지른 한국 교회와 한국 성도들의 잘못이 없다고 할 수 없다. 그렇
다면 신사참배의 회개를 주도한 지도자들의 통절한 회개와 더불어 전
한국 교회의 회개도 따라야 한다. 지도자들이 총회 석상에서 기도한 한
두 번의 기도로 저 8년 동안 한국 교회가 그렇게 수많은 배도를 저지른
것에 대한 충분한 회개가 되었다고 보지는 않는다.

다니엘은 바벨론 포로에서 회복되기 직전에 과거 조상들의 죄를 회
개했다. 그러나 그것으로 모든 회개가 종결된 것이 아니었다. 그랬기에
그 뒤 느헤미야는 또 회개했고, 에스라 역시 또다시 회개했다. 이것은
무엇을 의미하겠는가?

나치주의의 폐해를 경험한 독일은 기회 있을 때마다 자신들의 과오
에 대해 반복적으로 참회한다. 한두 번의 참회가 과거의 모든 것을 종
결할 수 있다면, 이런 것이 왜 필요하겠는가?

셋째는 언제까지나 과거의 죄를 회개하기보다는 지금 우리가 짓고
있는 죄를 회개하거나 당면한 문제들을 위해 기도하는 것이 우선적이
라는 반론이다.

물론 지금 한국 교회가 짓고 있는 여러 가지 죄악들에 대해서도 회

개해야 한다. 그리고 당면한 북한 문제나 여러 가지 문제를 놓고도 기도해야 한다. 그러나 이것이 신사참배 죄를 회개하지 말아야 하는 이유가 되는 것이 아니다.

신사참배 죄는 지금 한국 교회가 짓고 있는 죄들과는 차원이 다르다. 지금 한국 교회가 짓고 있는 죄들, 예를 들면 다툼과 분열, 교권주의, 금권주의, 목회자들의 성적인 죄 등은 개인적인 차원의 죄이거나 혹은 일부 교회 지도자들 사이에서 일어나는 것들이다. 그러나 신사참배는 소수의 반대자들 외에 거의 모든 한국 교회가 다 함께 지은 죄였다. 그것도 가장 중요한 계명인 하나님 외에 다른 신들을 섬기고 그것에 절한 엄청난 죄이다. 이처럼 엄청난 배도를 총회가 교리적인 차원에서 정당화하였고, 또한 총회가 앞장서서 그 배도를 주도하였다. 그리고 신앙을 지키려는 사람들을 오히려 앞장서서 제명하고 치리하고 경찰에 고발하였다. 이것은 교회사에서도 유례를 찾기 힘든 엄청난 죄이다. 이런 죄를 지금 짓고 있는 다른 죄들과 같은 비중으로 다룰 수는 없다.

뿐만 아니라 신사참배 결과로 남북 분단이 이루어졌다는 필자의 해석이 맞다면, 이 신사참배의 죄에 대한 올바른 회개 없이는 결코 남북통일 문제도 해결될 수 없다. 다니엘이 바벨론 포로에서 해방되기 전에 그 죄를 위해 회개 기도한 것처럼, 지금이야말로 남북통일을 위해서라도 더더욱 신사참배 죄를 회개할 때다.

넷째는 회개 운동이 이벤트성 운동으로 변질하는 것 아닌가 하는 반론이다. 당연히 회개 운동이 이벤트성 운동이 되어서는 안 된다. 그렇기 때문에 이 책에서 힘주어 강조한 것이 바로 올바른 회개가 있어야 한다는 것이다. 오히려 지금까지 있었던 몇 번의 회개 운동이 미흡한 점이 있기에 진정한 가슴을 찢는 회개 운동이 일어나야 한다고 보는 것이다.

다섯째는 우리 한국 기독교가 감당했던 부정적인 측면만이 아니라 긍정적인 측면을 함께 보는 균형 잡힌 시각이 필요하다는 반론이다. 이 반론에 따르면, 한국 교회에는 신사참배를 한 사람들만 있었던 것이 아니라 신사참배를 반대한 사람들도 있었다. 더구나 당시 한국민 전체가 다 신사참배할 때도 기독교인 중에만 신사참배를 반대한 사람이 있었으므로 이것은 기독교가 오히려 자랑할 만한 일이다. 그러므로 기독교가 너무 스스로를 비하하지 말아야 한다는 것이다.

물론 일리가 있는 말이다. 모든 한국민이 신사참배할 때도 이것을 끝까지 저항한 사람들은 일부이지만 기독교인들이었다. 또 한국의 독립운동을 주도한 사람들 가운데도 기독교인이 많았다. 이것은 우리 한국 기독교가 자랑할 만한 일이다. 그러나 이것이 사실이라 하더라도 이 사실이 대다수 성도들이 신사참배한 죄악을 지울 수는 없다. 하나님께서 소수의 신사참배를 반대한 사람들의 공로로 신사참배를 한 대다수의 죄악을 용서하시는 것은 아니다. 그 죄악에 대해서는 별도로 하나님 앞에서 진정한 회개가 이루어져야 한다. 오히려 신사참배를 거부하다 고난을 받았던 출옥 성도들이 더욱 더 원했던 바가 신사참배에 대한 진정한 회개였다는 것을 기억하자.

여섯째는 과거사를 현재적 시각으로만 보면서 신앙의 선배들을 정죄하는 것은 잘못된 것이라는 반론이다. 이 반론은 그 시기에 한국 교회를 지키기 위해서는 어쩔 수 없이 일제에 협조할 수밖에 없었던 상황을 도외시하고 무조건 그들을 정죄하는 것은 잘못된 시각이라는 것이다. 이 반론은 신사참배 결정을 주도했던 홍택기 목사가 했던 말과 유사한 맥락에 있다.

이에 대해 먼저 말할 수 있는 것은, 일제의 총칼 앞에서 어쩔 수 없이 신사참배 요구에 굴복한 사람도 많았지만, 그러나 자발적으로, 솔선수범해서 신사참배한 사람이 더 많았다는 점이다. 특별히 당시 교권을 잡았던 지도자들은 대부분 강요에 의해서라기보다는 자발적으로 일제에 협조하였고, 또 스스로가 신사참배를 반대하는 사람들을 먼저 신고하고 면직시켰으며, 또한 교회에서 추방하였다. 타의에 의한 것이 아니라 자의에 의해 먼저 신사참배를 선전하고 권유했으며, 반대하는 사람들을 탄압한 것이다. 이런 사람들의 잘못을 어떻게 지적하지 않을 수 있을까?

그리고 일제의 강요에 의해 마지못해 신사참배에 참여하였다는 것을 인정하더라도 그 사실이 그 행위를 정당화시키는 것은 아니다. 배교(背敎, apostasy) 혹은 배도(背道)란 말은 신앙적 진리를 거역하고 신앙적 공동체의 가르침을 거스르는 죄를 일컫는 말이다. 단순히 믿음의 형태를 달리한다고 하여 배교라고 말하지는 않는다.

그러면 배교란 무엇인가? 최덕성 교수에 따르면, 배교의 정의는 시대마다 달랐다. (1) 그리스도에 대한 신앙을 버리는 것, (2) 신앙의 중추적인 교리를 포기하는 것, (3) 기독교의 행습을 포기하는 것 등을 일컫는다. 토마스 아퀴나스(Thomas Aquinas)는 수도 생활 또는 성직 생활을 포기하는 것을 배교 행위에 포함시켰다. (4) 마음속으로는 그리스도를 부정하지 않으면서도 겉으로 그리스도를 부인하는 행동을 하는 것도 배교로 간주된다. 17세기 일본의 기독교 대박해 시기에 로마가톨릭 신자들은 그리스도의 성화에 침을 뱉고 그것을 발로 밟는 것을 배교로 여겼다. 수많은 사람이 배교를 거부하다가 순교했다.[13]

이런 기준에서 본다면, 마지못해 신사참배를 했다고 하더라도 그것 역시 배도 행위이다. 그 시대적 상황을 인정한다 하더라도 우상에게 절한 것이 옳은 일이 되는 것이 아니다. 그렇다면, 우리는 그것에 대해 참회해야 한다.

물론 이 반론에 대해 우리가 경청해야 할 점은 있다. 이런 비판을 하는 사람들이 마치 자신은 의인인 것처럼 그들을 함부로 정죄해서는 안 된다는 것이다. 과거의 죄를 지적하려는 사람들은 먼저 '만일 내가 그 시대 그 상황 속에 있었더라면 어떻게 했을까?' 하고 그 자신을 돌아볼 필요가 있다. 만일 자신들은 그런 상황에서 고난받을 각오를 하지 않으면서 함부로 신사참배한 사람들을 정죄한다면, 그것 또한 잘못된 일일 것이다.

그러나 이런 것을 인정하더라도 그 시대적 상황이 그 행위를 정당화시켜 주는 것은 아니다. 우리는 우리 조상들이 지었던 신사참배와 이어지는 배도에 대해 변명하기보다는 그것들이 얼마나 큰 죄인지를 인정하고 회개해야 한다. 그와 더불어 우리에게 이런 일이 또다시 닥친다면 우리는 믿음을 지켰던 선진들처럼 담대하게 그 고난을 감수할 마음의 준비를 해야 한다.

---

13 최덕성, "신사참배 거부 운동의 교회관", 리포르만다.
    http://www.reformanda.co.kr/theology/107578

7장

이 시대의
다니엘을
찾습니다

필자는 이 글을 마무리하면서 두 가지 근본적인 질문을 하게 된다. 첫째는 만일 지금의 한국 교회가 또다시 일제 시대와 같은 상황에 처하게 된다면 한국 교회는 과연 신사참배 문제에 어떻게 대처할까? 둘째, 내가 만일 그와 같은 상황에 있다면 나는 과연 어떻게 행동하게 될까?

　지금까지 신사참배에 대한 저술이 많이 나와 있지만, 단지 객관적인 사실 연구에만 머물러 있을 뿐, 이런 주관적인 질문을 묻고 답한 저술은 거의 없다. 그러나 이런 본질적인 질문에 대한 고민이 없다면, 그 연구는 어떤 의미가 있을까?

　물론 과거 역사와 사실을 밝히는 그 자체도 의미가 없는 것은 아닐 것이다. 그러나 그것이 오늘날 우리에게 주는 의미를 읽어내지 못한다면, 그 연구의 의미는 반감될 수밖에 없다. 영국의 역사학자 E. H. 카(Carr)에 따르면, "역사란 역사가와 그 사실들 사이의 지속적인 상호작용의 과정이며, 현재와 과거 사이의 끊임없는 대화"이다. 그리고 "역사가의 역할은 과거를 사랑하는 것도 아니고, 과거에서 그를 해방시키는 것도 아니다. 현재를 이해하는 열쇠로서 과거를 이해하고 다루는 것이다." 역사가의 역할도 이럴진대, 성도들을 올바른 길로 인도해야 할 목회자는 더더욱 이런 질문을 가지고 이 문제에 접근해야 한다.

더구나 이 질문을 할 때, 우리는 한국 교회라는 익명 속에 숨어 버릴 것이 아니라 '과연 나는 어떻게 했을까?'라는 질문을 궁극적으로 해보아야 한다. 우리가 신사참배한 사람들을 쉽게 비판하지만, 내가 만일 그 상황에 있다면 나는 과연 그것에 대해 주기철 목사님처럼 일사각오의 자세로 저항할 수 있을까? 필자는 신사참배에 저항하다 감옥에서 고문당하고 순교하신 분들의 처절한 기록들을 보면서, 이런 질문을 할 때 두려움이 생기는 것을 부정할 수 없었다. 이렇게 신사참배 연구를 통해 과거의 역사를 알고 무엇이 옳고 그른지를 잘 알고 있는 지금 이 시점에서도 박해의 고통을 감내하면서 끝까지 믿음을 지킬 수 있을 것인가에 대해서는 자신 있게 답을 할 수 없다.

이미 과거의 역사를 잘 알고 있는 상황에서도 그렇다면, 과거 역사에 대한 충분한 이해와 각오가 없는 상태에서 다시 그런 상황이 재현되었을 때, 과연 한국 교회는 신사참배에 대해 일심으로 거부할 수 있을까? 필자는 그 결과에 대해 상당히 회의적이다. 아마도 전체 숫자는 줄어들지 모르지만, 상당수는 일제 강점기의 성도들과 똑같은 행동을 하지 않을까?

베드로는 3년 동안 예수님을 따라다니면서 훈련을 받았던 예수님의 수제자였다. 그는 다른 사람들이 모두 예수님을 버릴지라도 자신은 결코 버리지 않겠다고 큰 소리까지 쳤다. 그러나 예수님이 잡히시던 순간에는 두려워서 도망갔고, 심지어는 세 번이나 예수님을 부인하는 잘못을 저지르고 말았다. 기도로 준비하지 않았을 때, 이런 일이 일어난 것이다. 베드로와 같은 대 사도도 이럴진대, 우리 같은 범부들이랴.

그러므로 이런 잘못된 역사가 반복되지 않으려면, 먼저는 우리 한국 교회의 신사참배 역사와 그것에 대한 옳고 그름을 자세히 가르쳐야 한다. 그와 더불어 그런 상황이 다시 우리 앞에 다가올 때, 우리가 굳건한 믿음으로 대처할 수 있도록 우리 마음의 준비를 갖추도록 해야 한다. 이것이 이 책을 쓰는 목적 가운데 하나다.

1. 지금 한국 교회는 무엇을 해야 하는가?

그러면 지금 이 시점에서 우리 한국 교회는 이 신사참배와 관련하여 무엇을 해야 하는가?

첫째는 신사참배와 관련하여 우리 한국 교회가 어떤 죄를 저질렀는 지를 정확하게 연구하고 가르쳐야 한다. 교회사가들은 신사참배와 관련하여 어떤 범죄들을 저질렀는지에 대해 많은 연구를 하였고, 또 관련된 저술도 많이 나와 있지만, 안타깝게도 그것은 역사책 안에만 머물러 있다. 그것이 일반 성도들이나 목회자에게까지 전파되지 못한 관계로, 오늘날 성도들 대부분은 신사참배에 대해 잘 알지도 못하고 별로 관심도 없다. 신사참배가 나쁜 것이라는 것 정도는 다 알기에 신사참배에 대해 회개하자고 하면 반대하지는 않지만, 그러나 그 일이 가슴에 와 닿는 것은 아니다. 그렇게 된 가장 큰 이유는 신사참배와 그 이후에 이루어진 배도에 대해 잘 알지 못하기 때문이다.

사랑의 반대는 미움이 아니라 무관심이라는 말이 있다. 무관심한 사람에게는 어떤 사랑의 마음도 생겨날 수 없다. 마찬가지로 신사참배에 대해 무관심하면 이것에 대해 아무런 일도 할 수 없다. 이런 무관심의 가장 큰 원인은 80년 전에 무슨 일이 있었는지 정확하게 교육되지 못했기 때문이다. 한국 교회에서는 물론이고 심지어 목회자가 되기 위해서 교회사를 공부하는 신학교에서조차 이 큰 죄를 별로 가르치지 않고 있다. 필자 역시 불과 몇 년 전까지도 이런 내용을 잘 알지 못했고, 또 필자 주변에 있는 목회자들도 이런 내용을 잘 알지 못하고 있는 것을 본다. 목회자들이 이러니 어떻게 성도들에게 이런 것들을 가르칠 수 있겠는가?

그러므로 한국 교회가 저질렀던 신사참배의 과오에 대해 정확하게 가르쳐야 한다. 학문 가운데 성공학이라는 것도 있지만, 반대로 실패학이라는 것도 있다. 실패 사례들을 잘 연구함으로써 오히려 성공의 비결을 배우자는 것이다. 신앙도 마찬가지다. 성공적인 모델들을 잘 연구함으로써 배울 수도 있지만, 반대로 잘못하고 실패한 사례를 통해 배울 수 있는 것들도 많다. 사사기 시대의 범죄들을 보면서 우리는 어떻게 살아야 하는지 교훈을 얻는 것과 마찬가지로, 신사참배 사건은 오늘날 우리가 이런 상황에서 어떻게 해야 하는지를 배울 수 있는 좋은 본보기가 된다. 그러므로 이것을 구체적으로 가르쳐야 한다.

이스라엘 민족은 바벨론 포로기 이후, 바로 이런 죄가 다시는 반복되지 않도록 자기 민족이 범했던 그 죄악에 대해 회개했고 또 백성들에게 가르쳤다. 율법을 가르치는 회당 제도가 바벨론 포로기에 생겨난 것도 바로 이 때문이다.

오늘날 독일은 과거 2차 대전 때 히틀러의 나치즘이 얼마나 악한 죄였는지 학교에서 어릴 때부터 반복해서 가르치고 있다. 그리고 이미 전쟁이 끝난 지 75년이나 지났지만, 여전히 행사 때마다 자기 조상들의 죄에 대해 사과하고 반성하고 있다.

그렇다면 신사참배와 같은 죄에 대해서는 더욱 더 후대들에게 가르쳐야 하지 않겠는가? 만일 이것을 가르치지 않는다면 후에 똑같은 상황이 주어지면 또 똑같은 죄가 반복될 것이다. 역사를 통해 교훈을 얻지 못하면 그 역사는 반복된다는 말이 있다. 과거의 역사를 잘 살펴보고 잘못된 것에 대해서는 철저히 가르치고 회개할 때, 우리는 비로소 다시는 이런 잘못된 역사를 반복하지 않을 수 있다. 그러므로 이 신사참배와 그 이후에 이루어진 배도에 대해 신학교에서 그리고 교회에서 목회자와 성도들과 다음 세대들에게 가르쳐야 한다.

둘째는 법적으로도 충분한 취소 결의가 있어야 한다. 이것은 단순히 회개했다고 종결될 문제가 아니다. 법적인 문제는 법적으로 해결해야 한다. 취소 결정을 하지 않는다면, 과거 신사참배 결정은 여전히 법적으로 효력을 가진다. 그러므로 법적으로도 취소 결의를 해야 한다.

장로교는 1954년 39회 총회에서 1938년 27회 총회에서 했던 신사참배 결의를 취소하는 결정을 했다. 그리고 감리교도 2018년 33회 총회에서 신사참배 결정을 취소하는 결의를 했다. 혹시 아직 취소 결정을 하지 않은 교단이 있다면, 이 교단들도 빨리 취소 결정을 해야 한다.

그러나 신사참배를 결정한 것은 총회만이 아니다. 노회들도 있다. 27회 장로교 총회가 열렸을 때, 이미 장로교 23개 노회 가운데 17개 노회가 먼저 신사참배를 결의하였다. 이 노회들의 노회록에는 여전히 신사참배를 결의하는 내용들이 기록되어 있을 것이다. 그러면 그 노회의 공식적인 입장은 여전히 신사참배가 우상숭배가 아니라는 것이 된다. 그러므로 이 노회들의 결의도 취소해야 한다.

어떤 분들은 총회가 취소를 결의함으로써 노회의 결의도 자동적으로 취소되었다고 말하고 싶을 것이다. 그러나 총회의 결의와 노회의 결의는 다르다. 총회에서 취소를 결의했다고 노회에서의 결의도 자동적으로 취소된 것이 아니다. 노회의 법이 상위 기관인 총회의 법과 상충되는 경우, 우리는 하위 기관인 노회의 법을 총회의 법에 맞게 수정해야 한다고 말하지, 이 노회의 법이 총회의 법 때문에 사문화되었다고 말하지 않는다. 노회의 법은 그 자체로 존재 이유가 있기 때문이다. 마찬가지로 총회가 신사참배 취소를 결의했다고 해서, 노회의 신사참배 결의가 자동적으로 취소되는 것은 아니다. 오히려 노회도 총회의 결의에 맞게 취소를 결의해야 하는 일이 남을 뿐이다. 그렇다면, 과거 신사참배를 결의했던 노회들에서도 그 노회의 결의를 취소하는 결의를 해야 이 문제가 완전히 해결된다.

필자가 알기로는 2015년에 예수교장로회 합동교단의 소래노회가 제일 먼저 취소를 결의했다. 그 이후 2016년 7월 31일 산정현교회에서 평양노회에서 분립한 7개 노회(경평, 남평양, 동평양, 서평양, 평양, 평양제일, 북평양)가 과거 신사참배에 앞장선 노회 결의를 무효로 선언하는 취소 결의를 했다. 그리고 대경노회에서도 또한 취소 결의를 했다. 그러나 나머지 노회들은 여전히 취소되지 않은 채 남아 있다. 일부 노회들은 신사참배를 회개하기는 했지만 그 결의를 취소하지는 않았다. 그렇다면 법적으로는 여전히 신사참배 결의가 유효한 셈이다. 그러므로 신사참배를 결의한 노회들은 자신들의 노회록을 확인하여 이것을 취소하는 결의를 별도로 추진해야 한다. 그럴 때 진정한 과거사 청산이 이루어질 수 있다.

셋째는 모든 성도들에게 가르친 후, 날짜를 잡아서 모든 한국 교회가 일제히 진정한 회개를 하여야 한다. 과거 몇 번의 회개가 있었다 하나, 그 회개는 몇몇 지도자의 회개였고, 그나마 그것도 교권을 잡은 사람들의 비협조로 충분한 회개가 아니었다. 이제는 지도자들뿐 아니라 모든 한국 교회가 회개의 주체가 되어야 한다. 그리고 교단별로 부분적으로 할 것이 아니라 한국 교회 전체가 날짜를 잡아서 다 함께 회개해야 한다.

어떤 분들은 과거 신사참배를 주도했던, 교권을 잡았던 분들의 잘못을 질책하면서 이들에 대한 충분한 시벌이 이루어지지 않았음을 지적한다. 다 맞는 말이다. 그러나 이미 그들 대부분은 이 세상 사람이 아니다. 이제 와서 그 사람들의 잘못만 지적하고 있다면 더 중요한 것을 놓치는 일이 된다. 지금 우리는 우리 세대에서 해야 할 일을 찾아야 한다. 그것은 바로 다니엘처럼 우리 민족의 죄를 나의 죄로 알고 회개하는 일이다. 오히려 다니엘이나 느헤미야처럼 그 죄로부터 자유로운 사람들이 더 잘 회개할 수 있다.

그러기 위해서는 지금 세대들에게 먼저 과거에 조상들이 어떤 죄를 지었는지를 충분히 가르쳐야 한다. 죄에 대한 공감대가 있어야 진정한 회개가 나올 수 있기 때문이다. 가르치되 머리로 이해하는 정도로만 가르칠 것이 아니라 가슴으로 느끼도록 가르쳐야 한다.

이를 위해서 한국 교회 전체가 신사참배의 죄에 대해 회개하는 날을 잡자. 그리고 그전에 그 죄에 대해 충분히 가르치자. 회개의 날 전후에 부흥회나 집회를 하는 방법도 있다. 그래서 충분히 영적인 준비가 된 상태에서 다 함께 날짜를 잡아서 모든 교단이 연합하여 일제히 신사참배를 회개하는 것이다. 이럴 때 진정한 회개가 이루어지고, 진정한 과거사 청산이 될 수 있을 것이다.

2. 이 시대의 다니엘을 찾습니다

다니엘은 민족의 죄에 대해 직접적으로 관여하지 않았으며 오히려 의인으로 인정받는 인물임에도 불구하고 그는 민족의 죄를 자신의 죄로 알고 회개하고 기도하였다. 오늘날 하나님이 찾으시는 사람도 바로 이 다니엘의 마음을 가진 사람들이라고 생각한다. 다니엘처럼 시대의 상황을 파악하고 다니엘처럼 민족의 죄를 자신의 죄로 생각하고 애통해 하며 회개할 사람들이 필요한 것이다.

오늘 우리들 대부분은 그 시대에 살지 않았고, 그 죄에 대해 직접적인 책임이 없다. 그러나 과거 우리 한국 교회가 이와 같이 엄청난 죄를 저질렀다는 것을 알았을 때 그것을 나의 죄로 알고 그것에 대해 애통해 하는 마음과 안타까워하는 마음 그리고 가슴을 치는 마음을 가지고 눈물로 회개하여야 한다. 이것이 다니엘이 보여 준 모범이다.

여기서 2차 세계대전이 종전된 직후, 독일 고백교회의 마르틴 니묄러(Martin Niemöller) 목사가 나치주의에 협력했던 독일 교회의 죄를 회개한 것을 참고해 보자. 독일 교회는 2차 세계대전이 끝나자, 1945년 8월 21-24일까지 프랑크푸르트에서 그리고 그해 10월 9일에는 슈투트가르트에서 모여 나치주의에 협력했던 자신들의 잘못을 참회하는 고백서를 발표하였다. 히틀러 치하에서 나치의 인종주의를 반대하다 8년간 옥고를 치른 바 있는 고백교회의 니묄러 목사는 1945년 8월 트라이자 교회에 모인 집회에서 이렇게 참회하였다.

"그러나 우리는, 우리 교회는, 가슴을 치며 회개할 수밖에 없습니다. 나의 죄, 나의 죄, 너무나 큰 나의 죄를 회개합니다."

그는 1962년에 '개신교의 저항'이라는 제목의 강연에서도 이렇게 고백하였다.

"우리가 무슨 말을 할 수 있겠습니까? 그저 침묵할 뿐인 줄 압니다. 그러나 말을 한다면, 다니엘서 9장을 펼쳐 거기 쓰인 말씀을 한마디 한마디 읽으며 다니엘 선지자가 기도한 말씀을 따라 기도할 뿐인 줄 압니다. '우리는 이미 범죄하여 패역하며 … 이는 우리의 죄와 우리 조상들의 죄악으로 말미암아 예루살렘과 주의 백성이 사면에 있는 자들에게 수치를 당함이니이다. … 우리가 주 앞에 간구하옵는 것은 우리의 공의를 의지하여 하는 것이 아니요 주의 큰 긍휼을 의지하여 함이니이다. 주여 들으소서. 주여 용서하소서.'" [1]

나치주의에 반대하다가 옥고를 치렀기 때문에 니묄러 목사는 그 죄와 무관한 인물이었다. 그러나 오히려 독일 교회의 죄악을 자신의 죄악으로 알고 회개하고 있다. 그리고 직접적으로 다니엘서 9장에 나오는 다니엘의 회개 기도를 자신의 회개 기도로 대신하고 있다. 이것이 바로 다니엘의 정신이다. 오늘 우리 한국 교회에 필요한 사람도 바로 이런 니묄러와 같은 인물, 다니엘과 같은 인물이다. 오늘 우리는 직접적으로 신사참배에 참여하지 않은 세대이기 때문에 오히려 다니엘과 같이 기도할 수 있다.

1 　김남식, 앞의 글, 343-344 각주에서 재인용.

느헤미야서 1장을 보면, 느헤미야 역시 예루살렘성이 허물어지고 성문들이 다 불탔다는 소식을 듣고는 앉아서 울고 수일 동안 슬퍼하며 하나님 앞에서 금식하며 기도하였다. 조국의 안타까운 현실이 자신의 문제로 느껴지고, 조상들이 지은 죄가 바로 자신의 죄로 인한 것으로 생각되었기 때문이다.

하나님께서 오늘날 우리에게도 이런 마음을 주시기 바란다. 눈물은 가슴에서부터 나온다. 신사참배 죄에 대한 진정한 이해도 있어야 하지만, 동시에 그 죄와 조국의 현실에 대한 뜨거운 가슴도 있어야 한다.

성경에 보면, 예수님께서도 우셨다는 기록이 두 번 나온다. 한 번은 죽은 나사로의 무덤 앞에서 그의 죽음을 애통해 하며 눈물을 흘리셨고, 또 한 번은 마지막 예루살렘에 입성하시기 전에 예루살렘성을 바라보시며 우셨다. 특별히 예루살렘성을 바라보며 우신 이유는 후에 일어날 로마 장군 디도의 예루살렘 함락 사건을 예견하셨기 때문이다. 예루살렘의 멸망을 보시고 우셨던 예수님이 지금 교회가 황폐화된 저 북한의 모습을 보시고도 울고 계시지 않을까? 그렇다면 우리도 울어야 한다. 예수님처럼 한때는 동방의 예루살렘이라고 불린 저 평양과 북한이 이제는 황무해져버린 것을 보면서 안타까운 마음으로 눈물을 흘리면서 기도해야 한다.

우리가 이렇게 과거 우리 민족이 지었던 그 죄들을 회개하면서 기도하면, 하나님께서 우리의 죄를 사하시며 우리의 상처를 싸매시고 고치실 것이다. 그러면 언젠가 저 북한 땅도 열릴 것이다. 마치 바벨론에 포로로 잡혀갔던 이스라엘 민족이 70년 만에 돌아왔듯이, 황무해진 저 북한도 70년 만에 회복될 것이다. 물론 이 70년이 상징적 70년일지 아니면 문자적 70년일지 알 수 없지만, 분명한 것은 하나님은 저 북한도 회복시키실 것이라는 것이다.

지금이 바로 회개할 때다. 다니엘이 70년 포로 생활이 끝나기 직전에 민족의 죄를 회개했던 것처럼, 통일이 다가오는 지금이야말로 우리 한국 교회가 분단의 원인인 신사참배의 죄를 회개해야 할 때다. 하나님은 지금 바로 이런 다니엘과 같은 사람을 찾고 계신다. 이런 다니엘의 심정으로 온 한국 교회가 신사참배 죄를 다시 한번 돌아보면서 회개하는 시간을 갖게 되기를 간절히 소망한다.

필자가 이 글을 쓰는 동안 코로나(covid-19)라는 전대미문의 전염병이 발생하여 전 세계를 휩쓸고 있다. 뉴스를 보면 제일 먼저 나오는 기사가 코로나에 대한 내용일 정도로 전 세계 모든 사람의 관심이 코로나 19 전염병에 가 있다. 그도 그럴 수밖에 없는 것이, 이 코로나로 인해 건강 문제는 차치하고라도 경제가 마비되고 외국과의 교류가 단절되고 생활 패턴에서도 엄청난 변화가 일어나고 있기 때문이다. 필자는 100년에 한 번 올까 말까 하는 이 코로나 전염병 뒤에도 무언가 하나님의 섭리가 있는 것은 아닐까, 그리고 만일 그렇다면 그 내용은 무엇일까 하는 것도 함께 생각해 보고 있다.

그러면서 이런 혼란한 시기에 신사참배라는 과거 문제를 다시 끄집어내는 것이 사람들에게 얼마나 관심거리가 될 것이며 어떤 의미가 있나 하는 회의감이 들기도 했다. 그래서 출판을 보류하는 일도 생각해 보았다. 그러나 다시 생각해 보면, 코로나 전염병은 잠시 진행되다가 지나갈 것이지만, 80여 년 전에 일어난 이 사건은 과거에도 영향을 미쳤고 앞으로도 계속 우리에게 영향을 미칠 것이다. 그리고 이 문제는 우리 민족의 숙원인 통일 문제와도 연결되어 있다. 그러므로 코로나 상황과 무관하게 우리는 이 문제를 놓고 기도하고 고민해야 한다.

필자는 이 글을 쓰면서 몇 가지 어려움이 있었다.

우선 첫 번째 문제는 동일한 문제를 놓고 자료들마다 약간씩 다른 내용들이 있었다는 것이다. 이해가 다른 것도 있었고 관점이 다른 것도 있었다. 사실 이해가 다른 것은 확인할 수 있는 것들은 확인하려고 노력했지만, 그러나 전문적인 역사가가 아니어서 모든 것을 다 확인할 수 없었다. 이런 부분들은 의견 차이가 있음을 알려 놓았다. 관점의 차이에 대해서는 다양한 관점들을 확인한 후 필자의 관점으로 서술하였다.

가장 큰 어려움은 대중성과 전문성을 함께 추구하는 것에서 오는 어려움이었다. 이 책의 목적은 과거의 역사를 일반 대중들도 쉽게 읽을 수 있도록 하여 신사참배 죄에 대해 회개의 공감대를 이끌어 내는 것이다. 이 목적을 이루려면 일반인들에게도 쉬우면서도 공감대를 형성할 수 있는 서술방식이 필요했다. 그러나 그러면서도 과거 역사에 대한 정확한 이해도 필요하기 때문에 어느 정도의 전문성도 필요했다. 문제는 이 두 마리 토끼를 한꺼번에 다 잡는다는 것이 쉽지 않다는 것이다.

그러나 이 책은 그 성격상 전문적인 역사서라기보다는 목회적인 책에 가깝다. 필자는 한국 교회가 지금 무엇을 해야 하는지를 말하려고 하고 있기 때문에 기본적으로 학자적 시각보다는 목회적 시각으로 이 책을 쓰고 있다. 그래서 전문성은 다소 결여가 되더라도 일반 성도들에게 다가갈 수 있기를 원한다. 그래서 표현방식도 일반인들이 읽기 어려운 전문적 학술적 표기보다는 쉬운 표기를 사용하려고 노력했다. 또 인용이나 참고 문헌도 직접적인 인용 부분은 인용 전거를 밝히되, 나머지는 참고 문헌을 밝혀 두도록 했다.

프롤로그에서도 밝혔듯이, 이 책은 기존에 나온 단편적인 구슬들을 꿰어 신사참배라는 전체 목걸이를 만들려는 것이다. 그러므로 각각의 단편은 필자의 작품이라기보다는 많은 부분 기존 연구 자료들에 의존한 것임을 다시 한번 밝혀 둔다. 이런 자료들을 발굴하고 연구하느라 수고하신 모든 분께 감사와 격려를 드린다.

마지막으로 이 책이 나오기까지 수고해 주신 모든 분께 감사드린다.

먼저 출판으로 수고해 주신 예영커뮤니케이션 원성삼 대표님께 감사드린다. 그리고 역사적 자료들의 수집과 확인에 도움을 주신 브니엘대학교 최덕성 총장님과 한국기독교역사연구소 김승태 소장님 그리고 『한국 기독 교회사』라는 역작을 통해 많은 역사적 자료를 제공해 주신 총신대학교 역사신학자 박용규 교수님께도 감사드린다.

아울러 이 책의 초고를 읽고 조언해 주신 전광 목사님(『평생 감사』의 저자), 유해석 선교사님(FIM선교회 대표), 역사신학자 오창윤 목사님을 비롯한 여러분께도 감사드린다.

그리고 부족한 책에 대해 추천서를 써 주신 정성진 목사님, 오정현 목사님, 오정호 목사님 그리고 내용 검토와 추천서를 함께 써 주신 백석대학교 역사신학자 임원택 교수님께도 감사드린다.

또한 이 책을 쓸 수 있도록 격려해 주신 남서울노회 임원들과 우리 흰돌교회 장로님들과 성도들 그리고 청년 시절 나를 이끌어 주시고 지도해 주신 내수동교회 박희천 원로목사님과 나의 사랑하는 아내에게도 감사드린다.

무엇보다도 이 책을 쓸 수 있도록 은혜 주신 하나님께 감사드린다.